晋升高级会计师，您有广

希望有意参加高级会计师考试和申报评审的会计人员，在您拿到此书的时候能够抽3个较好的提前规划，同时对于自己是否能够顺利地通过考试和评审最终成为一名高级会计

通过高级会计师考试是迈向晋升高级会计师的第一步，60分为国家标准合格线，达到或高于这分数即可获得评审资格。但由于各省份在高级会计师评审条件和流程上略有不同，所以每一位希望晋升高级会计师的会计人员有必要提前充分了解所在省份的相关政策。据公开资料显示：北京、浙江、江苏、安徽与山东等地最近四年评审通过比例为60%~70%左右。上海评审通过率为全国最低，仅为35%~40%。

结合上述各方面的评审要求，准高级会计师们应当注意以下几点：

1. 关于专业技术理论水平

专业论文内容是否与本职工作相关，是否能体现本人的专业研究成果？

专业论文是否通过查重检测？是否发表在高影响因子的财经期刊上？

2. 关于工作经历与业务能力

对评价办法规定，衡量申报人是否符合评价条件的规定？

通常江浙沪地区申报人所在单位的规模、会计岗位的技术难度等，与申报人从事会计工作年限和担任的岗位职务等，与评审通过率存在较为明显的关联影响。

从实际评审结果来看，事业单位财务负责人或较大规模事业单位重要会计岗位的申报人优势相对明显；对于企业会计人员而言，通常是所在单位规模越大、会计业务的技术难度越高，申报人担任的会计岗位职务越高，越有利于通过评审，如大中型国有企业、上市公司、制造企业等

3. 关于专业技术工作业绩与成果

这是高级会计师评审中最关键的内容，在评审赋分时占比较大的比重（比如浙江省此部分赋分高达60分），主要衡量申报人独立完成的专业工作成绩。

注意：这部分内容需要申报人提交相关佐证材料加以佐证。

在专业技术工作业绩的赋分方面，大中型国有企业、上市公司、制造企业等单位的会计人员有明显的优势；小微企业和事业单位由于企业存在机构规模小、业务相对单纯、会计工作技术难度小等特点，所以在赋分方面存在天然的劣势。但从评审实际结果看，也不尽然，比如经过对浙江和江苏两省近两年实际评审通过名单的分析，事业单位实际参评通过率并不低。以本机构为例，经过我们辅导的事业单位申报人都顺利通过了评审。

针对上述情况及申报人，特别建议申报人，尤其需要注重积累专业技术工作业绩。如果在这方面尚未积累到足够的程度，就贸然参加高级会计师的考试，那么在考试成绩3年有效期内仍无法顺利通过评审的可能性就大大增加。

故建议各位准高会人员在备考前期可扫码获得一对一免费专业评审分析，以高效方式成功晋升高级会计师！

扫码观看各地评审政策解析视频　　扫码获取免费评审指导建议

高级会计师职称考辅课程

考评全程班

- 考试+论文+评审一站式服务
- 名师授课 通关无忧

超值精品全程班

- 系统逐章精讲 扫除学习盲点
- 经典案例剖析 考前直播答疑

高级会计师职称评审指导课程

评审业绩指导

- 全方位讲解评审答辩流程
- 1对1指导 挖掘个人亮点
- 模拟面试指导（仅针对面试地区）

评审面试辅导

- 模拟评审面试答辩
- 针对性指导提升

论文指导班

- 选题+撰写+审稿+发表
- 3次审稿服务 协助发表

▶▶▶ 手机扫码
了解更多课程安排

中财传媒版 2024 年度全国会计专业技术资格考试
辅导系列丛书·*注定会赢*®

高级会计实务**知识点速查手册**

上海国家会计学院　组编

财政部中国财经出版传媒集团　组织编写

刘凤委　王纪平　余　坚　郑庆华　编著

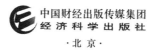

中国财经出版传媒集团
经济科学出版社

·北京·

图书在版编目（CIP）数据

高级会计实务知识点速查手册/上海国家会计学院
组编；财政部中国财经出版传媒集团组织编写；刘凤
委等编著. --北京：经济科学出版社，2023.12
（中财传媒版2024年度全国会计专业技术资格考试辅
导系列丛书. 注定会赢）
ISBN 978 - 7 - 5218 - 5413 - 8

Ⅰ. ①高… Ⅱ. ①上…②财…③刘… Ⅲ. ①会计实
务 - 资格考试 - 自学参考资料 Ⅳ. ①F233
中国国家版本馆 CIP 数据核字（2023）第 244817 号

责任校对：王京宁　　　　责任印制：邱　天

高级会计实务知识点速查手册
GAOJI KUAIJI SHIWU ZHISHIDIAN SUCHA SHOUCE

上海国家会计学院　组编
财政部中国财经出版传媒集团　组织编写
刘凤委　王纪平　余　坚　郑庆华　编著
经济科学出版社出版、发行　新华书店经销
社址：北京市海淀区阜成路甲 28 号　邮编：100142
总编部电话：010 - 88191217　发行部电话：010 - 88191522
天猫网店：经济科学出版社旗舰店
网址：http：//jjkxcbs.tmall.com
固安华明印业有限公司印装
850 × 1168　64 开　6.5 印张　220000 字
2023 年 12 月第 1 版　2023 年 12 月第 1 次印刷
ISBN 978 - 7 - 5218 - 5413 - 8　定价：30.00 元
（图书出现印装问题，本社负责调换. 电话：010 - 88191545）
（打击盗版举报热线：010 - 88191661，QQ：2242791300）

打造高级会计实务考试最佳配套读物

——**编者的话**

对绝大部分考生来说，要提高复习效率、提高通过考试的概率，选择适合自己的辅导课程、选择与教材配套的辅导读物十分必要。打造一本与教材配套，最有效率地利用考生的复习时间，最大限度提高复习效率的辅导读物，则是本书编写组的目标。

作为从 2005 年开始开展高级会计师考试辅导的机构，上海国家会计学院远程教育网在此前的 19 年，帮助数万考生通过考试，并在业内首创了答题技巧课程、论文写作与发表指导、职称评定指导等为考生所欢迎的项目，这些项目已经涵盖了高会考试、论文发表、职称评定资料撰写的方方面面。

2013 年，我们推出系列考试辅导书，其中《高级会计实务辅导教材精讲与指南》及《高级会计实务全真模拟试题》这两本书获得了广大考生的喜爱。2022年，我们在之前年度的基础上，对这两本书进行了优化，并增加一本口袋书《高级会计实务知识点速查手册》，希望能为考生顺利通过高级会计实务考试带来更大的帮助。

　　这本书目标为：

- 帮助考生了解、掌握大纲和教材的重点考点；
- 帮助考生在考场上能够快速定位答案，高效利用考试时间。

　　打造教材最佳配套辅导书，我们要感谢各位优秀的老师的奉献！他们是刘凤委（第一章、第四章）、郑庆华（第三章、第八章、第九章、第十章、第十一章）、王纪平（第二章、第五章）和余坚（第六章、第七章）。

　　封面处图书防伪标识码可以同时用于抵扣上海国家会计学院远程教育网高级会计师精品全程班网络辅导课程（sa. esnai. net）学费 100 元。

上海国家会计学院

2023 年 12 月

7 ×24 小时客服热线：**400 − 900 − 5955**

企业 **QQ** 咨询：**4009005955**

微信公众号：**saesnai**（或扫描左侧二维码）

目　　录

第一章　企业战略与财务战略

☞ 掌握企业战略管理要素、体系与程序

☞ 掌握企业愿景、使命与战略目标

☞ 掌握战略分析

☞ 掌握战略制定

☞ 掌握企业总体战略的类型

☞ 掌握企业总体战略的选择

☞ 掌握经营战略及其类型

☞ 掌握经营战略的选择

☞ 掌握职能战略及其类型

☞ 掌握波士顿矩阵与 SWOT 模型

☞ 掌握财务战略及其目标

☞ 掌握财务战略的类型

☞ 掌握财务战略的选择

☞ 掌握投资战略及其选择

☞ 掌握融资战略及其选择

☞ 掌握股利分配战略及其选择

☞ 熟悉战略实施模式与支持系统

☞ 熟悉战略控制及其与管理控制的关系

☞ 熟悉管理控制的程序与模式

【要点1】战略管理内涵

战略管理内涵	具体内容
遵循基本原则	目标可行；资源匹配；责任落实；协同管理
战略管理体系	三个层次：企业总体战略、经营战略和职能战略
战略目标	战略目标体系的内容包括盈利目标、产品目标、市场竞争目标、发展目标、职工发展目标、社会责任目标

学习心得

- -

- -

- -

- -

- -

【要点2】战略分析

项目		内　容
外部环境分析	宏观环境分析（PESTEL）	六大关键要素：政治环境因素、经济环境因素、社会环境因素、技术环境因素、生态环境因素、法律环境因素
	行业环境分析	影响行业盈利能力的因素（迈克尔·波特"五力模型"）： （1）行业竞争程度。现有企业间的竞争；新加入企业的竞争威胁；替代产品或服务的威胁。 （2）市场议价能力。企业与供应商的议价能力分析；企业与客户的议价能力分析
	经营环境分析	竞争对手分析、竞争性定位分析、消费者分析、融资者分析、劳动力市场状况分析

续表

项目	内 容	
内部环境分析	企业资源分析	有形资源、无形资源、人力资源
	企业能力分析	研发能力、生产管理能力、营销能力、财务能力、组织管理能力
	企业核心竞争力分析	三要素：对顾客有价值、与企业的竞争对手相比有优势、很难被模仿或复制
	价值链分析	企业竞争优势的三个来源：价值活动本身、价值链内部联系、价值链纵向联系
	战略地图	（1）基于平衡计分卡发展（关注平衡计分卡四个维度，分别是财务层面、客户层面、内部业务流程层面、学习与成长层面） （2）重点增加两个层次：一是颗粒层，每个层级下面分解为多项要素；二是细节层，说明战略时间动态性

【要点3】战略实施

类型		特点及缺点（局限性）
实施模式	指挥型模式	特点：高管层制定最佳战略。缺点：战略制定者与执行者分开，缺乏执行动力
	变革型模式	特点：高管层考虑如何实施战略。缺点：没有解决指挥型模式存在的如何获得准确信息的问题
	合作型模式	特点：上下级管理者一起讨论并制定出战略。缺点：可能会使战略的经济合理性有所降低
	文化型模式	特点：全体员工参与战略实施活动。局限性：要求企业职工的各方面素质都相当高
	增长型模式	特点：激励下层管理人员制定战略的积极性及主动性。局限性：要求企业有很好的战略实施支持系统

【要点4】四种管理控制模式比较

控制模式	控制特征	控制目标	控制优势	控制障碍	控制环境
制度控制	规则	正确做事	规则明确 易于操作	缺乏量化 与能动性	管理基础 与环境较差
预算控制	过程	完成任务	量化目标 及时控制	缺乏变化 与能动性	管理基础 与环境较好
评价控制	目标	挖掘潜能	突出结果 鼓励进取	缺少过程 调控与环境	管理基础 与环境良好
激励控制	利益	创造财富	利益相关 随机应变	缺少相应 环境与条件	管理基础 与环境优秀

【要点5】企业总体战略类型

	类型	简介
成长型战略	密集型战略	密集型战略包括市场渗透、市场开发、新产品开发
	一体化战略	一体化战略包括横向一体化和纵向一体化
	多元化战略	多元化战略分为相关多元化和非相关多元化
稳定型战略	无增战略	无增战略不代表没有增长，而是按照通货膨胀率调整增长目标
	维持利润战略	维持利润战略关注短期利润忽略长期利润
	暂停战略	暂停战略为快速发展后遇到问题，限制发展速度，积蓄能量
	谨慎实施战略	外部环境不确定或趋势不明显

续表

	类型	简介
收缩型战略	转向战略	转向或称调整性收缩，意味着从现有领域转移阵地，减少投资，在新事业找到出路
	放弃战略	放弃也称为适应性收缩战略，采取转向无效时采取的收缩战略，通过直接出售
	归核化战略	归核化战略，是利用外包将不擅长的非核心业务转交给其他企业
	解散与破产战略	解散与破产战略，是通过解散与破产来维护股东利益

【要点6】企业总体战略选择

（1）**成长型战略选择**。

特征	适用条件
①企业的发展不一定比整个经济增速快，但往往比其产品所在的市场增长快； ②往往能获得大大超过社会平均利润率水平的利润； ③倾向于采用非价格的手段与竞争对手抗衡； ④倾向于通过创造其本身并不存在的产品或服务的需求来改变外部环境，并使之适合自身	①成长型战略必须与宏观经济景气度和产业经济状况相适应； ②必须符合政府管制机构的政策法规和条例等的约束； ③与公司可获得的资源相适应； ④与企业文化的适合性

（2）**稳定型战略选择**。

特征	适用条件
①企业对过去的经营业绩表示满意，决定追求既定的经营目标； ②企业战略规划期内所追求的绩效增长是一种常规意义的增长，而非大规模迅猛发展	①企业一般处于稳定的外部环境中，所面临的挑战和机会都相对较少； ②由于资源不足无法抓住新机遇而选择稳定； ③发展过快引起竞争对手的攻击和政府的干预，故在一定时期选择此战略； ④企业管理者不愿承担风险，或为了避免增长过快带来的管理难度，也适宜于选择此战略

（3）**收缩型战略选择**。

特征	适用条件
①对企业现有的产品的市场份额实行收缩、调整及撤退的措施，削减某些产品的市场规模，放弃某些产品系列，甚至完全退出目前的经营领域； ②逐步缩小企业的产销规模，降低市场占有率，同时相应地降低某些经济效益指标； ③目标重点是改善企业的现金流量，争取较大收益和资金价值； ④具有过渡的性质	①往往是由于外部环境的变化，经济陷入衰退之中； ②可能是企业经营失误情况下的选择； ③可能是由于企业发现了更有利的发展机会

【要点7】经营战略类型

（1）成本领先战略。

内涵	类型
也称为低成本战略，通过有效降低成本使企业获得竞争优势	①简化产品型成本领先战略； ②改进设计型成本领先战略； ③材料节约型成本领先战略； ④人工费用降低型成本领先战略； ⑤生产创新及自动化型成本领先战略

（2）差异化战略。

内涵	类型
提供与众不同的产品或服务满足客户的特殊需求，形成竞争优势	①产品差异化战略； ②服务差异化战略； ③人才差异化战略； ④形象差异化战略

（3）集中化战略。

内涵	类型
针对某一特定客户群、产品、细分市场或区域市场，采取成本领先或差异化以获取竞争优势	①集中化内容划分为产品集中化、顾客集中化、地区集中化、低占有率集中化；②根据集中化战略实施方法分为单纯集中化、成本集中化、差别集中化和业务集中化

学习心得 ....

....

....

....

....

【要点8】经营战略选择

（1）成本领先战略选择。

特征	适用条件
①企业在生产经营中通过低成本优势取得行业领先地位； ②成本领先并不等同于价格最低； ③成本领先企业能赚取高于平均水平的收益； ④重大的技术变革可以使一个企业得以彻底改变其成本地位； ⑤成本领先战略的成功取决于企业日复一日地实施该战略的技能	①大批量生产的企业； ②企业有较高的市场占有率； ③企业必须采用先进的生产设备； ④严格控制一切费用开支，全力以赴地降低成本

（2）差异化战略选择。

特征	适用条件
①差异化战略并不意味着公司可以忽略成本，但此时低成本不是公司的首要战略目标； ②如果差异化战略成功实施，它就成为在一个产业中赢得高水平收益的积极战略； ③推行差异化战略往往要求公司对于这一战略的排他性有思想准备； ④在建立公司的差异化战略的活动中总是伴随着很高的成本代价，有时即便全行业范围的顾客都了解公司的独特优点，也并不是所有顾客都愿意或有能力支付公司要求的高价格	①具有很强的研发能力，研究人员要有创造性的眼光； ②企业具有以其产品质量或技术领先的声望； ③企业在这一行业历史悠久或汲取其他企业技能并自成一体； ④有很强的市场营销能力； ⑤研发、产品开发及市场营销等职能部门间有很强的协调性

（3）集中化战略选择。

特征	适用条件
①集中化战略是企业以某个特殊的顾客群、某产品线的一个细分区段或某一个地区市场为主攻目标的战略； ②集中化战略是围绕一个特定的目标进行密集型的生产经营活动，要求能够比竞争对手提供更为有效的服务； ③可以更好地了解市场和顾客，提供更好的产品与服务； ④集中化战略一般有两种形式：一种是低成本集中化；另一种是差异化集中化	①企业具有完全不同的市场顾客群； ②没有其他竞争对手试图在目标细分市场实施集中化战略； ③由于地理位置、收入水平、消费习惯、社会习俗等因素的不同，将形成专门化市场，这些市场间的隔离性越强，越有利于集中化战略的实施； ④行业中各细分部分在规模、成长率、获利能力方面存在很大的差异

【要点9】业务组合管理模型

（1）波士顿矩阵。

业务类型	业务特征	现金流量	应对策略
明星业务	高增长、强竞争地位	资源主要消耗者，需要大量投资	为了保护和扩展其市场主导地位，企业应对之进行资源倾斜
问题业务	高增长、弱竞争地位	处于最差的现金流量状态	对其投资需进一步分析，判断使其转化到明星业务所需的投资额，分析其未来盈利能力，作出投资决策
金牛业务	低增长、强竞争地位	现金流量最充裕	本身不需要投资，支持其他业务发展
瘦狗业务	低增长、弱竞争地位	不能成为企业现金来源	该业务若能自我维持，则应收缩经营范围；若难以为继，则应果断清理

（2）SWOT 模型。

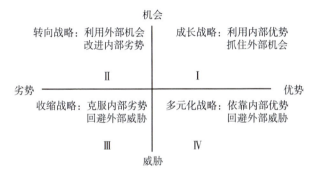

【要点10】财务战略类型

类型	简介
扩张型财务战略	（1）实施目的：为了配合公司的一体化战略和多元化战略而展开，以实现公司资产规模的扩张为目的； （2）实施措施：公司将大部分乃至全部利润留存并大量地进行外部筹资，更多地利用负债； （3）特点：对外投资规模扩大，资金需要量大，现金流量出量增加，资产报酬率下降，企业负债增加； （4）优缺点：优点是通过新的产品或市场发展空间，可能会给公司未来带来新的利润增长点和现金净流量；缺点是一旦投资失误，公司财务状况可能恶化，甚至导致公司破产
稳健型财务战略	（1）实施目的：为配合公司实施对现有产品或服务的市场开发或市场渗透战略而展开，以实现公司财务业绩稳定增长和资产规模平稳扩张为目的； （2）实施措施：慎重从事企业购并或进入与公司核心能力不相关的领域，尽可能优化现有资源的配置和提高现有资源的使用效率，将利润积累作为实现资产规模扩张的基本资金来源，对利用负债来实现资产增长持谨慎的态度；

续表

类型	简介
稳健型 财务战略	（3）特点：充分利用现有资源，对外集中竞争优势，兼有战略防御和战略进攻的双重特点，通常是一种过渡性战略； （4）缺点：当公司现有产品或服务本身已属夕阳产业，发展前景黯淡，则可能给公司带来财务危机，影响公司未来盈利能力和现金流量
防御型 财务战略	（1）实施目的：为配合公司的收缩、剥离、清算等活动展开，以预防出现财务危机和求得生存及新的发展为目的； （2）实施措施：通过采取削减业务和精简机构等措施，盘活存量资产，节约资本支出，集中财务增强公司核心业务的市场竞争力； （3）特点：公司规模迅速缩小，现金流入量增加，资产报酬率提高，债务负担减轻； （4）优缺点：优点是公司财务状况稳健，为将来选择其他财务战略积累了大量现金资源；缺点是失去一部分产品领域和市场空间，若不能及时创造机会调整战略则会影响公司未来的盈利增长和现金流量

【要点 11】财务战略选择

类型	简介
基于经济周期的财务战略	（1）经济周期性波动要求企业财务战略选择与经济周期相适应； （2）经济周期分为复苏期、繁荣期和衰退期； （3）复苏期采取扩张型财务战略，繁荣期采取扩张型和稳健型财务战略相结合，衰退期采取初期防御型和后期扩张型财务战略
基于企业生命周期的财务战略	（1）企业生命周期分为初创期、成长期、成熟期和衰退期； （2）初创期经营风险高，按照经营风险与财务风险反向匹配要求，财务风险要得到控制，此时采用权益融资为主； （3）成长期经营风险下降，财务战略调整，继续依靠权益融资基础上，适当使用负债融资； （4）成熟期资金需求量少，企业财务风险低，采取现金分红以及增加负债； （5）衰退期现金流入量减少，开始进行清算型本金返还策略

【要点12】融资战略选择——基于融资方式

类型	简介
内部融资战略	（1）含义：企业使用内部留存利润进行再投资； （2）优点：管理层在作内部融资决策时不需要向外部披露公司的信息，从而可以有效保护企业的商业秘密； （3）缺点：如果股东根据企业的留存利润预期下一期或将来的红利，就要求企业有足够的盈利能力，而对那些陷入财务危机的企业来说压力很大
股权融资战略	（1）含义：企业为了未来新的项目而向现在的股东和新股东发行股票来筹集资金； （2）优点：当企业需要的资金量较大时（比如并购），股权融资就占很大优势，因为它不像债权融资那样需要定期支付利息和本金，而仅仅需要在企业盈利时向股东支付股利； （3）缺点：股份容易被恶意收购从而引起控制权的变更，并且股权融资方式的成本也比较高

续表

类型	简介
债务融资战略	(1) 贷款融资： ①优点：与股权融资相比，融资成本较低、融资速度较快，并且方式比较隐蔽； ②缺点：当企业陷入财务危机或企业的战略不具备竞争优势时，还款的压力会增加企业的经营风险。 (2) 租赁融资： ①优点：企业可以不需要为购买资产进行融资，缓解资金压力，并可在一定程度上避免长期资产的无形损耗；还可能使企业享有更多的税收优惠； ②缺点：企业使用租赁资产的权利是有限的，因为资产的所有权不属于企业
销售资产融资战略	(1) 含义：企业销售其部分有价值的资产进行融资； (2) 优点：简单易行，不用稀释股东权益； (3) 缺点：融资方式比较激进，一旦操作了就无回旋余地，而且如果销售时机选择不准，销售的价值就会低于资产本身的价值

【要点13】融资战略选择——快速增长型投资与低增长型投资

类型	简介
快速增长和保守融资战略	（1）维持保守财务杠杆，保持充足借贷能力； （2）采取恰当的、从内部为大部分增长提供资金的股利支付比率； （3）现金和短期投资及未使用借贷能力作为流动性缓冲； （4）积极外部筹资，优先选择举债，除非财务杠杆比例过高； （5）上述方法都不可行时，采用增发股票筹资或减缓增长的方式
低增长和积极融资战略	（1）通过负债筹资增加利息支出抵扣税款，增加股东财富； （2）通过股票回购向市场传递积极信号，推高股价； （3）财务风险可控前提下，高财务杠杆比率提高管理人激励动机，创造足够利润支付高利息

【要点 14】股利分配战略影响因素

因素	分类
法律因素	资本限制、偿债能力限制、内部积累限制
债务条款因素	营运资金限制、新增利润条件、优先股利支付
股东类型	为保证控制权限制支付股利、为避税限制股利、为取得收益要求支付股利、为回避风险要求支付股利、由于不同心理偏好要求支付股利
经济因素	现金流量、筹资能力、投资机会、公司加权资本成本、股利分配惯性

学习心得 ....

....

....

....

【要点 15】 股利分配战略选择

类型	简介
剩余股利战略	发放股利时，优先考虑投资的需要，若投资过后还有剩余则发放股利，若没有剩余则不发放。即投资为先、发展为重
稳定或持续增长的股利战略	指公司的股利分配在一段时间里维持不变，而持续增长的股利战略则是指公司的股利分配每年按一个固定成长率持续增加
固定股利支付率战略	公司将每年盈利的某一固定百分比作为股利分配给股东，优先考虑的是股利，后考虑保留盈余
低于正常股利加额外股利战略	公司事先设定一个较低的经常性股利额，一般情况下，都按照此金额发放股利，只有在累积的盈余和资金相对较多时，才向股东支付正常股利以外的额外股利
零股利战略	将企业所有的剩余盈余都投资回本企业中，在企业成长阶段通常会使用这种股利政策，并将其反映在股价的增长中。但当成长阶段结束，并且项目不再有正的现金净流量时，就需要积累现金和制定新的股利分配战略

第二章　企业全面预算管理

☞ 掌握全面预算管理的流程

☞ 掌握全面预算管理的主要风险

☞ 掌握全面预算目标的确定

☞ 掌握全面预算的编制方式

☞ 掌握全面预算的编制方法

☞ 掌握全面预算分析

☞ 掌握全面预算控制

☞ 掌握全面预算调整

☞ 掌握全面预算考核的内容

☞ 掌握全面预算考核的程序

☞ 熟悉全面预算管理的功能

☞ 熟悉全面预算管理的原则

☞ 熟悉全面预算管理的应用环境

☞ 熟悉全面预算管理的层级

☞ 熟悉全面预算的编制流程

☞ 熟悉全面预算考核的原则

【要点 1】全面预算管理的本质

本质	具体内容
内涵	理念上全员参与、范围上全面覆盖、管理流程上全程跟踪
内容	经营预算、专门决策预算、财务预算
功能	规划与计划、沟通与协调、控制与监督、考核与评价
原则	战略导向、过程控制、融合性、平衡管理、权变性
流程	预算编制、预算执行（预算控制、预算调整等）、预算考核
应用环境	明确战略目标、完善业务计划、健全组织架构、优化内部管理制度、开发信息系统
层级	个别预算、合并预算

【要点 2】预算管理的组织架构

组织架构	机构	主要职责
决策机构	股东（大）会（法定权力）	负责审批公司的年度财务预算方案、决算方案
	董事会（法定决策）	负责制定公司的年度财务预算方案、决算方案
	预算管理委员会（专门机构）	负责全面预算管理职责
	企业经理层（日常运行决策）	负责组织执行全面预算
工作机构	预算管理委员会办公室	负责全面预算的编制、审核、控制、调整、分析、考评等工作
执行机构	企业内部预算责任单位	负责组织开展本部门（或本企业）全面预算的编制工作

【要点 3】 全面预算编制风险

序号	全面预算编制风险点	可能导致的后果
1	业务部门参与度较低	预算编制不合理，预算管理责、权、利不匹配
2	范围和项目不全面，各个预算之间缺乏整合	全面预算难以形成
3	所依据的相关信息不足	预算目标与战略规划、经营计划、市场环境、企业实际等相脱离
4	预算编制基础数据不足	预算编制准确率降低
5	编制程序不规范，横向、纵向信息沟通不畅	预算目标缺乏准确性、合理性和可行性
6	方法选择不当，或强调采用单一的方法	预算目标缺乏科学性和可行性

续表

序号	全面预算编制风险点	可能导致的后果
7	预算目标及指标体系设计不完整、不合理、不科学	在实现发展战略和经营目标、促进绩效考评等方面的功能难以有效发挥
8	编制预算的时间太早或太晚	预算准确性不高，或影响预算的执行
9	未经适当审批或超越授权审批	预算权威性不够、执行不力，或可能因重大差错、舞弊而导致损失

学习心得

【要点4】全面预算执行风险

序号	全面预算执行风险点	可能导致的后果
1	全面预算下达不力	预算执行或考核无据可查
2	预算指标分解不够详细、具体	某些岗位和环节缺乏预算执行和控制依据
3	预算指标分解与业绩考核体系不匹配	预算执行不力
4	预算责任体系缺失或不健全	预算责任无法落实，预算缺乏强制性与严肃性
5	预算责任与执行单位或个人的控制能力不匹配	预算目标难以实现
6	缺乏严格的预算执行授权审批制度	预算执行随意
7	预算审批权限及程序混乱	越权审批、重复审批，降低预算执行效率和严肃性

续表

序号	全面预算执行风险点	可能导致的后果
8	预算执行过程中缺乏有效监控	预算执行不力，预算目标难以实现
9	缺乏健全有效的预算反馈和报告体系	预算执行情况不能及时反馈和沟通，预算差异得不到及时分析，预算监控难以发挥作用
10	预算分析不正确、不科学、不及时	削弱预算执行控制的效果，或可能导致预算考核不客观、不公平
11	对预算差异原因的解决措施不得力	预算分析形同虚设
12	预算调整依据不充分、方案不合理、审批程序不严格	预算调整随意、频繁，预算失去严肃性和"硬约束"

【要点5】全面预算考核风险

预算编制环节和预算执行环节的风险会积累到预算考核环节，预算缺乏刚性、执行不力、考核不严，可能导致预算管理流于形式。

预算考核环节的主要风险是：预算考核不严格、不合理、不到位，可能导致预算目标难以实现、预算管理流于形式。

预算考核是否合理受到考核主体和对象的界定是否合理、考核指标是否科学、考核过程是否公开透明、考核结果是否客观公正、奖惩措施是否公平合理且能够落实等因素的影响。

【要点6】经营目标的确定

目标确定	具体内容
经营目标	以战略规划为导向，反映企业在一定时期内生产经营所要达到的预期目标。
年度经营目标	其制定必须从企业的战略出发，而不是从企业拥有的资源出发，确保与企业的战略目标相一致，反映出企业战略管理的意图

学习心得

【要点7】预算目标的确定方法

方法		计算方法
利润增长率法		目标利润 = 上期利润总额 × (1 + 利润总额增长率) 利润总额增长率 = $\sqrt[报告期]{上期利润总额/基期利润总额}-1$
比例 预算法	营业收入 利润率	目标利润 = 预计营业收入 × 测算的营业收入利润率
	成本利润率	目标利润 = 预计营业成本费用 × 核定的成本费用利润率
	投资报酬率	目标利润 = 预计投资资本平均总额 × 核定的投资资本回报率
上加法		目标利润 = 净利润 ÷ (1 - 所得税税率)
标杆法		以企业历史最高水平或同行业中领先企业的盈利水平为基准来确定利润预算目标的方法

方法	计算方法
本量利分析法	目标利润 = 边际贡献 − 固定成本 = 预计营业收入 − 变动成本 − 固定成本 = 预计产品销售量 × (预计产品单价 − 单位产品变动成本) − 固定成本

学习心得

【要点8】 预算编制方式的优缺点

编制方式	优缺点
权威式预算（自上而下）	（1）由管理层直接下达预算目标，可以节省预算的编制时间；（2）虽然能从企业全局出发，实现资源的合理配置，但主观性太强，下级缺乏责任感和动力，预算目标的实现会大打折扣；（3）较低层级因担心本期费用的节省、投资的较少会对下期预算（可控资源）产生影响，就会产生"用完预算"的行为问题
参与式预算（自下而上）	（1）虽然下级的士气和动力有所提高，但预算执行者为了逃避最终责任，可能造成预算松弛问题，编制低标准预算，制定容易实现的目标，如高报成本预算目标或低报销售预算目标；（2）上下级之间存在信息非对称时，心理因素就会导致行为扭曲，如高层管理者过严或过松的审批会引发预算松弛问题或预算操纵问题

续表

编制方式	优缺点
混合式预算 （上下结合）	具体步骤：（1）从全面预算的角度，预算的参与者应该是全员。但是从实践的角度，预算的主要参与者应该包括全体预算管理委员会成员、预算管理办公室成员及各部门主要负责人、各部门各级预算管理岗、财务部门预算管理人员。（2）各方就预算目标进行沟通。最高管理层与预算参与者就战略方向、战略目标等问题进行相互沟通。（3）参与者制定预算初稿。（4）自下而上逐级审查，双向沟通，提出修改意见。根据企业的分部管理模式，较低组织层级将预算提交到较高组织层级审查；较高组织通过与较低组织层级的双向沟通，提出修改意见。（5）经过审批形成最终预算

【要点9】全面预算的编制方法

方法	定义	优缺点	适用条件
定期预算法	按不变的会计期间编制	**优点**：使预算期间与会计期间对应，有利于实际和预算的比较，有利于执行情况的分析和评价。 **缺点**：不能使预算编制常态化，导致出现一些短期行为，不利于各个时期的预算衔接，不能适应连续不断的业务活动过程的预算管理	企业内外部环境相对稳定的企业
滚动预算法	按既定周期和频率不断调整补充、逐期滚动	**优点**：实现动态反映市场、建立跨期综合平衡，有效指导企业营运，强化预算的决策与控制职能。 **缺点**：工作量大；易增加管理层的不稳定感、无所适从	运营环境变化大、更长远视角进行决策的企业

续表

方法	定义	优缺点	适用条件
增量预算法	在历史期基础上调整	**优点**：编制简单，省时省力。 **缺点**：预算规模会逐步增大，可能造成预算松弛及资源浪费	业务持续，且原有的业务基本合理
零基预算法	只关注预算期经济活动的合理性	**优点**：以零为起点编制预算，不受历史期经济活动中的不合理因素影响，能灵活应对内外环境的变化，预算编制更贴近预算期企业经济活动需要；有助于增加预算编制透明度，有利于进行预算控制。 **缺点**：编制工作量大、成本高；准确性受限	所有企业各项预算的编制
固定预算法	按照固定业务量为基础编制	**优点**：编制相对简单、易理解。 **缺点**：不能适应运营环境变化，容易造成资源错配和重大浪费	业务量水平稳定的企业的成本费用预算

续表

方法	定义	优缺点	适用条件
弹性预算法	基于不同业务量及其相应预算项目的资源消耗	**优点：** 考虑了可能的不同业务量水平，更贴近企业经营管理实际情况。 **缺点：** 工作量大；弹性预算的合理性受限	企业各项预算，特别是市场、产能等存在较大不确定性，且其预算项目与业务量之间存在明显的数量依存关系的预算项目
项目预算法	按项目编制	**优点：** 包含项目有关的所有成本，容易度量单个项目的收入、费用和利润	工程建设以及提供长期服务的企业
作业预算法	基于"作业消耗资源、产出消耗作业"的原理，以作业管理为基础	**优点：** 基于作业需求量配置资源，避免了资源配置的盲目性；通过总体作业优化实现最低的资源费用耗费，创造最大的产出成果；可以促进员工对业务和预算的支持，有利于预算的执行。 **缺点：** 建立过程复杂；数据收集成本较高	具有作业类型较多且作业链较长、管理层对预算编制的准确性要求较高、生产过程多样化程度较高，以及间接或辅助资源费用所占比重较大等特点的企业

【要点10】全面预算分析方法

分析方法	具体内容
差异分析	是计算各预算报表的数据与实际绩效之间的差异。包括销售差异分析、生产预算差异分析、采购差异分析、管理费用差异分析、财务费用差异分析、产品成本差异分析、利润差异分析等
对比分析	是将某项指标与性质相同的指标项进行对比来揭示差异。包括实际数与预算数的对比分析、同比分析与环比分析
对标分析	选取行业内标杆企业作为比较标准，通过对标分析，可以了解企业在行业竞争中的地位，明确差距，提出相应的改进措施
结构分析	前提是将一个整体划分为几个部分，而几个组成部分之间的变化导致每一个组成部分和总体的比例会发生变化，这个比例称为结构比例。结构比例的变化揭示了预算执行中的问题

续表

分析方法	具体内容
趋势分析	通过过去若干年的实际运行数据以及未来预测，揭示事物发展规律的一种方法。趋势分析的期间越长，对趋势的把握越准确
因素分析	将某一指标的变动结果划分为若干个影响因素，分析每个因素的变化对指标造成的影响
排名分析	对预算执行单位按照某个预算指标的实际执行情况按特定顺序排名，找出执行情况好和不好的单位，以鼓励先进鞭策后进
多维分析	从多个角度、多个侧面观察数据库中的数据，深入了解包含在数据中的信息和内涵。如分析某年销售收入实际数与预算数的差异时，从多个维度（产品、区域、渠道、客户等）进行深入分析，结合企业战略的实施情况，找出形成差异的根本原因

【要点 11】 全面预算控制的方式

方式	具体内容
当期预算控制和累进预算控制	（1）当期预算控制是指用当期的预算总额控制当期的预算执行数； （2）累进预算控制是指以从预算期间的始点到当期时点的累计预算数控制累计预算执行数
总额控制和单项控制	（1）总额控制是对总量的控制（管理费用）； （2）单项控制是对每个预算项都分别加以控制（如管理费用可细分为招待费、差旅费、办公费等）
绝对数控制和相对数控制	（1）绝对数控制指用预算项的预算数控制预算执行数； （2）相对数控制指用预算值的百分比来控制预算执行数
刚性控制和柔性控制	（1）刚性控制是指以预算值为约束指标，任何超出预算值的支出都需要通过待定的审批流程审批后才能使用； （2）柔性控制是指超出预算的执行申请可以在企业的预算管理系统中提交，各级审批者根据授权，进行成本效益权衡后决策是否可以批准执行

续表

方式	具体内容
预算内审批控制、超预算审批控制和预算外审批控制	预算内审批事项，应执行正常的流程控制，简化流程，提高效率。超预算审批事项，应执行额外的审批流程，根据事先规定的额度分级审核。预算外审批事项，应严格控制，防范风险
系统在线控制和手工控制	（1）系统在线控制是指依靠 ERP 系统或专门的预算控制系统实现的对预算事项的事中和在线控制； （2）手工控制是指按照企业内部控制流程和相应的审批权限，对相关资金支出的单据进行手工流转并签字的过程

【要点12】全面预算控制的原则

原则	具体内容
加强过程控制	企业应当以预算作为预算期内组织协调各项经营活动的基本依据，严格执行销售预算、生产预算、费用预算和其他预算，并将年度预算细分为月度预算和季度预算，通过分期预算控制，确保年度预算目标的实现
突出管理重点	不同行业、不同经营策略、处于不同发展阶段的企业，预算管理的重点不尽相同。企业的预算控制必须抓住重点，对重点预算项目严格管理；对于非重点项目应尽量简化审批流程。对于关键性指标的实现情况，应按月、按周，甚至进行实时跟踪，并对其发展趋势作出科学合理的预测，提高事前控制的能力
刚性控制和柔性控制相结合	对于一些不易区分的项目，可以实行柔性控制（总额控制）；对于一些重大项目的支出，则需要仔细审核其支出的合理性，实行刚性控制。通过刚性控制保障某些重要的资本预算项目不超预算，通过柔性控制处理与日常经营相关的业务（如管理费用等），促使相关人员查找预算差异的原因，提高资源使用的效率与效果，实现预算控制的目标

续表

原则	具体内容
业务控制和财务控制相结合	企业的经营活动主要是业务活动，预算控制应该通过对各项业务活动及相关财务活动的审批或确认，实现业财一体化的控制

学习心得

【要点13】全面预算调整的条件

情形及程序	简介
年度预算批准后，原则上不作调整，如发生如下事项应该调整预算	（1）由于国家政策法规发生重大变化，致使预算的编制基础不成立，或导致预算与执行结果产生重大偏差；（2）由于市场环境、经营条件、经营方针发生重大变化，导致预算对实际经营不再适用；（3）内部组织结构出现重大调整，导致原预算不适用；（4）发生企业合并、分立等行为；（5）出现不可抗力事件，导致预算的执行成为不可能；（6）预算委员会认为应该调整的其他事项
预算调整程序：必须按照一定的程序进行	预算调整主要包括分析、申请、审议、批准等主要程序，具体如下： （1）预算执行单位逐级向预算管理委员会提出书面申请，并详细说明预算调整的理由和调整建议方案、调整前后预算指标的比较、调整后预算指标可能对企业预算总目标的影响等内容。 （2）预算管理工作机构对预算执行单位提交的申请进行审核分析，集中编制企业年度预算调整方案，提交预算管理委员会。 （3）预算管理委员会应对预算调整方案进行审议，根据预算调整事项的性质或预算调整金额的不同，根据授权进行审批，或提交董事会审议批准，然后下达执行

【要点 14】全面预算考核的原则

原则	解释
目标性原则	目的是更好地实现企业战略和预算目标，所以在企业预算考核体系的设计中，要避免各预算执行单位发生只顾局部利益，不顾全局利益甚至损害全局利益的行为
可控性原则	各预算执行单位以其责权范围为限，对其可以控制的预算差异负责，在预算目标下达时，应尽可能明确各预算执行单位的"可控"范围或可控因素
动态性原则	预算的考核要讲究时效性，企业可根据管理基础、内外部环境变化，以及经营需要来选择合适的考核时点，进行定期考核和不定期考核（不能等到年度期结束后再考核），有助于预算管理工作的改进和预算目标的实现
例外性原则	企业受到市场的变化、产业环境的变化、相关政策的改变、重大自然灾害和意外损失等影响，考核应该按调整后的预算指标进行

续表

原则	解释
公平公开公正原则	考核必须公平，即相同的绩效要给予相同的评价；考核公开，包括制定标准的过程对被考核者公开；考核标准要在执行之前公布，考核结果应在必要的范围内公布
总体优化原则	预算考核要有利于企业总体目标的实现和价值的最大化（避免只顾部门利益）

学习心得

【要点 15】全面预算考核的内容

（1）对全面预算目标完成情况的考核；

（2）对全面预算组织工作的考核。

学习心得

第三章　企业风险管理与内部控制

☞ 掌握风险及其分类、风险管理的流程与方法、风险管理体系
☞ 掌握内部控制原则和要求、内部控制程序、要素和方法，内部控制评价和审计
☞ 熟悉风险管理的作用与原则、我国企业内部控制规范体系

【要点1】风险的含义和分类

分类		要点
风险含义和构成基本要素		企业风险是指对企业的战略与经营目标实现产生影响的不确定性；企业风险构成基本要素包括风险因素、风险事件、损失
按照来源和范围分类	外部风险	外部风险可分为政治风险、社会文化风险、法律与合规风险、技术风险、市场风险、自然环境风险、产业风险、信用风险等
	内部风险	内部风险可分为战略风险、财务风险、经营风险。企业内部控制活动所面临的风险可看作内部风险
按照能否为企业带来盈利等机会分类	纯粹风险	纯粹风险是指只带来损失一种可能性的风险。例如，自然灾害、信息系统崩溃
	机会风险	机会风险是指能够带来损失和盈利的可能性并存的风险。例如，汇率变化、原材料价格涨跌

续表

分类		要点
按照采取应对措施及其有效性分类	固有风险	**固有风险**是指在管理层没有采取任何措施改变风险的可能性或影响的情况下，影响主体目标实现的风险
	剩余风险	**剩余风险**是指在管理层建立并采取风险应对措施之后所剩余的影响目标实现的风险

⏱ 学习心得 --

【要点2】风险管理的含义、目标和框架

项目	具体内容
风险管理含义	企业风险管理是指企业为实现风险管理目标，对风险进行有效识别、评估、预警和应对等管理活动的过程
风险管理目标	风险管理目标是在确定企业风险偏好的基础上，将企业的总体风险和主要风险控制在企业风险容忍度范围之内。一定要注意：风险管理不是要把风险控制到零，而是应把风险控制在风险容忍度范围之内

【要点3】风险管理的作用和原则

项目	具体内容
风险管理作用	企业风险管理的作用有七个：（1）协调企业可承受的风险容忍度与战略；（2）增进风险应对决策；（3）抑减经营意外和损失；（4）识别和管理贯穿于企业的风险；（5）提供对多重风险的整体应对；（6）抓住机会；（7）改善资本调配。但风险管理有局限性，表现在：决策过程中的判断失误，受限于成本效益衡量，类似简单误差或错误的个人缺失、两个或多个人员串通、管理层凌驾
风险管理原则	成功的风险管理应遵循四个原则：（1）融合性原则（融入日常运营）；（2）全面性原则；（3）重要性原则；（4）平衡性原则（权衡风险与回报、成本与收益）

【要点4】风险管理流程和方法

风险管理基本流程包括目标设定，风险识别，风险分析，风险应对，风险监控、信息沟通和报告，风险管理考核和评价六个步骤。

（1）目标设定。

含义	目标设定是风险识别、风险评估的前提，企业应通过制定程序使各项目标与企业的使命相协调，并且确保所选择的具体目标及其所面临的风险在企业愿意承受的风险水平的范围内，即目标设定环节应确定企业的风险偏好和风险容忍度
风险偏好	指企业愿意承担的风险及相应的风险水平，可以分为高、中、低三种，由董事会确定，一般用定性表示
风险容忍度	应在风险偏好的基础上，设定风险管理目标值的可容忍波动范围，应尽可能用定量表示，如最大可能损失（或最低收益率）、损失发生的概率、期望值、波动性、风险价值以及其他类似的风险度量。风险容忍度主要决定因素包括：财务实力是否雄厚、运营能力是否高效、企业及品牌声誉是否坚不可摧、企业营运市场的竞争能力等

（2）风险识别。

含义	风险识别是识别可能会对企业产生影响的潜在事件，并分别确定是否是机会或者可能影响风险管理目标实现的内外部风险因素和风险事项
应注意的问题	①潜在事件分析：风险识别要针对目标进行，主要是分析影响企业实现战略目标的外部因素（包括经济、自然环境、政治、社会等）和内部因素（包括基础结构、人员、流程、技术等）。例如，原材料价格可能提高，将对企业实现利润产生影响。 ②事件识别主要技术和方法：风险识别建立在广泛的信息收集基础上，既要考虑已经发生的数据，还要着眼未来预测。风险识别的应用技术包括调查问卷、风险组合清单、职能部门风险汇总、SWOT分析、高级研讨会及头脑风暴、损失事件数据追踪、内部审计、流程图、内部风险管理会议、每月管理和分析报告、金融市场活动的实时反馈、主要的外部指数和内部指数、政策变化追踪及相关性分析、决策树分析、事件树分析等。 ③事件分类：通过潜在事件分类，并将企业各单元和各层级的事项汇总，可以更多地获得风险评估的信息、辨识机会和风险。 ④区分风险和机会：通过事件分析，对于负面影响的事件（风险）由管理层进一步评估和应对；对于具有正面影响或者抵消风险的负面影响的事件（机会），则反馈到管理层的战略或目标制定过程中，以便更好地抓住机会。因此，简单地说，风险管理就是要抓住机会、规避损失

（3）风险分析。

含义	风险分析是在风险识别的基础上，对风险成因和特征、风险之间的相互关系，以及风险发生的可能性、对企业目标影响程度进行分析，为风险应对策略提供支持
风险定性分析（风险分析描述）	风险分析对所列出的风险事件，分别分析发生的可能性和影响程度，通过绘制风险矩阵坐标图来表示。 风险矩阵坐标图是把风险发生的可能性和影响程度作为两个维度，纵轴表示风险发生的可能性，横轴表示风险发生的影响程度，绘制在同一个平面上形成的。风险矩阵优点：为企业确定各项风险重要性等级提供可视化工具。风险矩阵缺点：风险重要性等级标准等依靠主观判断；应用风险矩阵所确定的风险重要性等级是通过相互比较确定的，因而无法将列示的个别风险重要性等级通过数学运算得到总体风险的重要性等级。 风险分析不仅要分析单一风险的可能性和影响程度，同时要关注风险之间的关系，考虑整个企业层面的组合风险，特别是各单元均未超过容忍度，但组合在一起超出整体风险容忍度的情况

续表

风险定量分析	企业应采用定性、定量以及定性与定量相结合的方法，从发生的可能性和影响程度两个方面进行风险分析。常见的定量技术包括概率技术和非概率技术，见下图： 

定量分析方法如下表所示：

项目	特点
风险价值	风险价值（VAR）是指正常波动下，在一定的概率水平下，某一投资组合在未来特定期间内，在给定的置信水平下面临的最大可能损失。风险价值是一种有效的量度风险的工具，其特点是将统计学和技术应用于风险管理，在市场风险管理领域，VAR 模型广泛用于估计潜在损失
蒙特卡洛模拟	蒙特卡洛模拟本质上是随机抽样方法，可依赖计算机的快速操作，通过反复使用大量输入变量值的可能组合，得到变量的组合。如可以通过模拟市场价格、数量、成本等较容易获得的关键指标的变化，计算得到净利润实现的可能性
敏感分析	敏感分析是指在合理的范围内，通过改变输入参数的数值来观察并分析相应输出结果的分析模式

续表

项目	特点
情景分析	情景分析是一种自上而下"如果—那么"的分析方法，可以计量一个事件或事件组合对目标的影响
压力测试	压力测试是情景测试法的一种特殊形式，是在极端情境下，分析评估风险管理模型或内部控制流程的有效性，发现问题，制定改进措施，目的是防止出现重大损失事件
设定基准	设定基准也称标杆比较法，通过将本企业与同行业或同类型企业的某些领域的做法、指标结果等做定量的比较，来确定风险的重要性水平

（4）风险应对。

含义	风险应对是对已发生的风险或已超过监测预警临界值的风险制定风险应对策略
应注意的问题	①确定风险应对策略应考虑的因素。 风险应对应在风险组合观的基础上，从企业整个范围和组合的角度去考虑。在确定风险应对过程中，管理层应考虑三个因素：一是不同的拟应对风险的可能性和影响程度，以及哪个应对方案对主体的风险容限相协调；二是不同拟应对方案的成本和效益；三是实现企业目标可能的计划。在考虑应对方案的时候，不同应对方案均需要考虑、计算各自的固有风险和剩余风险，风险应对就是要保证通过对不利事件、有利事件的分析，选择实施方案将剩余风险控制在可承受度以内。 ②计算风险敞口。 在选择应对方案前要计算风险敞口——实际风险水平，能够使企业风险以定量的方式呈现给管理层。风险敞口的计算通常根据当前主要风险类别所涉及的业务范围采取风险防控措施未能全覆盖、而发生未加保护的风险可能导致的潜在损失。 风险敞口通常将各个风险类别当中的风险潜在损失加总，在加总完成后，再考虑各个风险因素之间的相关性进行调整得到。风险敞口正常情况下不应高于企业的可承受能力。

续表

应注意的问题	③风险应对策略类型。 **风险规避**：指企业主动回避、停止或退出某一风险的商业活动或商业环境，避免成为风险的承受者。 **风险降低**：指企业在权衡成本效益之后，采取适当的控制措施降低风险或者减轻损失，将风险控制在风险承受度之内的策略。具体包括风险转换、风险补偿和风险控制。 a. **风险转换**：是指企业通过战略调整等手段将企业面临的风险转换成另一种风险，使得总体风险在一定程度上降低。 b. **风险补偿**：是指企业对风险可能造成的损失采取适当的措施进行补偿，以期降低风险。 c. **风险控制**：是指控制风险事件发生的动因、环境、条件等，来达到减轻风险事件发生时的损失或降低风险事件发生的概率的目的。 **风险分担**：指企业为避免承担风险损失，有意识地将可能产生损失的活动或与损失有关的财务后果转移给其他方的一种风险应对策略，包括风险转移和风险对冲。

应注意 的问题	**a. 风险转移**：指企业通过合同将风险转移到第三方。 **b. 风险对冲**：指采取各种手段，引入多个风险因素或承担多个风险，使得这些风险能够互相对冲。 **风险承受**：指企业对所面临的风险采取接受的态度，从而承担风险带来的后果。 四种风险应对策略结构图如下： 

（5）风险监控、信息沟通和报告。

风险监控	在风险评估的基础上，针对需重点关注的风险及相应的指标，通过设置风险预警指标体系，将指标值与预警临界值进行比较，识别预警信号，进行预警分级，对风险的状况进行监测并实施控制
信息沟通	应建立风险管理良好的信息沟通机制和报告制度，明确报告的内容、对象、频率和路径，确保信息沟通的及时、准确、完整
风险报告	风险报告按照报送内容、频次、对象，可分为综合报告和专项报告、定期报告和不定期报告

（6）风险管理考核与评价。

考核	风险管理部门应定期对各职能部门和业务部门的风险管理实施情况和有效性进行考核，形成考核结论并出具考核报告，及时报送企业管理层和绩效管理部门
评价	企业应定期对风险管理制度、工具方法和风险管理目标的实现情况进行评价，识别是否存在重大缺陷，评价风险管理是否有效，形成评价结论并出具评价报告

【要点5】风险管理体系

四个方面	具体内容
风险管理理念	风险管理理念可通过企业各种政策表述，形成风险文化，从而促使个人价值观、团队价值观、行为态度及处世方式在风险管理的价值观上趋同
风险管理组织体系	企业各有关职能部门和业务单位是风险管理的第一道防线；风险管理职能部门和董事会下设的风险管理委员会是第二道防线；内部审计部门和董事会下设的审计委员会是第三道防线
风险管理制度体系	企业应建立健全能够涵盖风险管理主要环节的风险管理制度体系，通常包括风险管理决策制度、风险识别与评估制度、风险监测预警制度、应急处理制度、风险管理评价制度、风险管理报告制度、风险管理考核制度等
风险管理信息系统	企业应用的风险管理信息系统的主要功能有：（1）实现风险信息的共享；（2）风险预测和评估；（3）开展风险监控

【要点6】内部控制框架、原则、组织形式

（1）企业内部控制基本规范中的内部控制定义、目标、要素。

项目	要点
内部控制定义	内部控制是由企业董事会、监事会、经理层和全体员工共同实施的、旨在实现控制目标的过程
内部控制目标	内部控制目标是合理保证企业经营管理合法合规、资产安全、财务报告及相关信息真实完整，提高经营效率和效果，促进企业实现发展战略。内控目标在考试中应注意三点：①内控目标是内控理论的基石，后面的内控原则、内控要素都围绕内控目标展开。②内控只能做到合理保证，不能说绝对保证。③内控目标包括三个层次：基本目标是合理保证合法合规、资产安全和信息真实完整；较高目标是提高经营效率效果；最终目标是促进企业实现发展战略
内部控制要素	内部控制五要素包括：内部环境、风险评估、控制活动、信息与沟通、内部监督

（2）内部控制原则。

原则	内　容
全面性原则	内部控制应当贯穿决策、执行和监督的全过程，覆盖企业及其所属单位的各种业务和事项，实现全过程、全员性控制，不存在内部控制空白点
重要性原则	内部控制应当在兼顾全面的基础上，关注重要业务事项和高风险领域，并采取更为严格的控制措施，确保不存在重大缺陷。重要性原则的应用需要运用职业判断，企业应当根据所处行业环境和经营特点，从业务事项的性质和涉及金额两方面来考虑是否及如何实行重点控制
制衡性原则	内部控制应当在治理结构、机构设置及权责分配、业务流程等方面相互制约、相互监督，同时兼顾运营效率。制衡性原则要求企业完成某项工作必须经过互不隶属的两个或两个以上的岗位和环节；同时，还要求履行内部控制监督职责的机构或人员具有良好的独立性
适应性原则	内部控制应当与企业经营规模、业务范围、竞争状况和风险水平等相适应，并随着情况的变化加以调整。适应性原则要求企业建立与实施内部控制应当具有前瞻性，适时地对内部控制系统进行评估，发现可能存在的问题，并及时采取措施予以补救

原则	内　　容
成本效益原则	内部控制应当权衡实施成本与预期效益，以适当的成本实现有效控制。成本效益原则要求企业内部控制建设必须统筹考虑投入成本和产出效益之比

（3）内部控制的组织形式。

	相应职责
董事会	董事会对内部控制的建立健全和有效实施负责，定期召开董事会议，商讨内部控制建设中的重大问题并作出决策。董事会及其全体董事的责任具体包括：科学选择经理层并对其实施有效监督；清晰了解企业内部控制的范围；就企业的最大风险承受度形成一致意见；及时知悉企业最重大的风险以及经理层是否恰当地予以应对

续表

	相应职责
审计委员会	审计委员会负责人应当具备相应的独立性、良好职业操守和专业胜任能力，由独立董事担任。审计委员会在内部控制中的职责一般包括：审查企业内部控制的设计；监督内部控制有效实施；领导开展内部控制自我评价；与中介机构就内部控制审计和其他相关事宜进行沟通协调等
监事会	监事会对董事会建立与实施内部控制进行监督。监事会监督不同于审计委员会对经理层的监督，其是一种层次更高、独立性更高的再监督
经理层	经理层负责组织领导企业内部控制的日常运行。经理作为企业经营管理活动的最高执行者，在内部控制建设过程中尤其承担着重要责任，包括：贯彻董事会及其审计委员会对内部控制的决策意见；为其他高级管理人员提供内部控制方面的领导和指引；定期与采购、生产、营销、财务、人事等主要职能部门和业务单元的负责人进行会谈，对他们控制风险的措施及效果进行督导和核查等

续表

	相应职责
内部控制部门	企业可以根据需要成立专门的内部控制工作团队，以项目组的形式运作；也可以成立内部控制专职机构（或岗位），专门负责内部控制在企业内部各部门间的组织协调和日常性事务工作。内部控制专职机构的职责一般包括：制定内部控制手册并组织落实；确定各职能部门或业务单元对于内部控制的权利和义务；指导内部控制与其他经营计划和管理活动的整合；向董事会及其审计委员会或经理层报告内部控制建设进展情况和存在的问题等
内部审计部门	内部审计部门在评价内部控制的有效性，以及提出改进建议等方面起着关键作用。应当赋予内部审计部门追查异常情况的权力和提出处理处罚建议的权力

【要点7】内部控制程序、要素和方法

程序	确定控制目标→衡量控制结果→分析差异→采取改善措施→综合检查评价
要素	包括内部环境、风险评估、控制活动、信息与沟通和内部监督五个要素。 （1）内部环境。 内部环境规定企业的纪律与架构，影响经营管理目标的制定，塑造企业文化氛围并影响员工的控制意识，是企业建立与实施内部控制的基础。内部环境包括治理结构、机构设置及权责分配、内部审计机制、人力资源政策和企业文化等。 ①治理结构。 企业应当根据国家有关法律法规和企业章程，建立规范的公司治理结构和议事规则，明确董事会、监事会和经理层在决策、执行、监督等方面的职责权限，形成科学有效的职责分工和制衡机制。董事会应当独立于经理层，对内部控制的设计与运行进行监控。 ②机构设置与权责分配。 企业应当结合业务特点和内部控制要求设置内部机构，明确职责权限，将权利与责任落实到各责任单位；所采用的组织结构应当有利于提升管理效能，保证信息通畅流动。

续表

要素	③内部审计机制。 企业应当加强内部审计工作，保证内部审计机构设置、人员配备和工作的独立性。 应注意：独立性是审计监督的灵魂，比如，财务总监不能兼任审计委员会主任，应由外部独立董事担任。 ④人力资源政策。 人力资源政策应当有利于企业可持续发展，一般包括员工的聘用、培训、辞退与辞职；员工的薪酬、考核、晋升与奖惩；关键岗位员工的强制休假制度和定期岗位轮换制度等。 ⑤企业文化。 企业应当加强文化建设，培育积极向上的价值观和社会责任感，倡导诚实守信、爱岗敬业、开拓创新和团队协作精神，树立现代管理理念，强化风险意识。董事、监事、经理及其他高级管理人员在塑造良好的企业文化中发挥关键作用。 （2）风险评估。 风险评估是企业及时识别、科学分析经营活动中与实现控制目标相关的风险，合理确定风险应对策略，是实施内部控制的重要环节。 （3）控制活动。 控制活动是指企业根据风险应对策略，采用相应的控制措施，将风险控制在可承受限度之内，是实施内部控制的具体方式。常见的控制措施有：不相容职务分离控制、授权审批控制、会计系统控制、财产保护控制、预算控制、运营分析控制和绩效考评控制等。

要素	①不相容职务分离控制。 所谓不相容职务，是指那些如果由一个人担任既可能发生错误和舞弊行为，又可能掩盖其错误和舞弊行为的职务，一般包括：授权批准与业务经办、业务经办与会计记录、会计记录与财产保管、业务经办与稽核检查。不相容职务分离的核心是内部牵制，因资源限制等原因无法实现不相容职务分离的，企业应当采取抽查交易文档、定期资产盘点等替代性控制措施。 ②授权审批控制。 授权批准是指企业在办理各项经济业务时，必须经过规定程序的授权批准。授权审批控制要求企业根据常规授权和特别授权的规定，明确各个岗位办理业务和事项的权限范围、审批程序和相应责任。 对于重大的业务和事项，企业应当实行集体决策审批或者联签制度，任何个人不得单独进行决策或擅自改变集体决策。 ③会计系统控制。 会计作为一个信息系统，对内能够向管理层提供经营管理的诸多信息，对外可以向投资者、债权人等提供用于投资等决策的信息。会计系统控制主要是通过对会计主体所发生的各项能用货币计量的经济业务进行记录、归集、分类、编报等。

续表

要素	④财产保护控制。 财产保护控制是指为了确保企业财产物资安全、完整所采用的各种方法和措施。财产保护控制的措施主要包括：财产记录和实物保管；定期盘点和账实核对；限制接近。 ⑤预算控制。 预算控制的内容涵盖了企业经营活动的全过程，企业通过预算的编制和检查预算的执行情况，可以比较、分析内部各个单位未完成预算的原因，并对未完成预算的不良后果采取改进措施。 ⑥运营分析控制。 运营分析是对企业内部各项业务、各类机构的运行情况进行独立分析或综合分析，进而掌握企业运营的效率和效果，为持续的优化调整奠定基础。 ⑦绩效考评控制。 绩效考评是对所属企业及个人占有、使用、管理与配置企业经济资源的效果进行的评价。企业董事会及经理层可以根据绩效考评的结果进行有效决策，引导和规范员工行为，促进实现发展战略和提高经营效率效果。 ⑧建立突发事件应急处理机制。 企业应建立重大风险预警机制和突发事件应急处理机制，明确风险预警标准，对可能发生的重大风险或突发事件，制订应急预案，明确责任人员、规范处理程序，确保突发事件得到及时妥善的处理。

要素	（4）信息与沟通。 信息与沟通是企业及时、准确地收集、传递与内部控制相关的信息，确保信息在企业内部、企业与外部之间进行有效沟通，是实施内部控制的重要条件。信息与沟通的要件主要包括：信息质量、沟通制度、信息系统、反舞弊机制。 （5）内部监督。 内部监督是企业对内部控制建立与实施情况监督检查，评价内部控制的有效性，对于发现的内部控制缺陷及时加以改进，是实施内部控制的重要保证。内部监督包括日常监督和专项监督

学习心得

【要点8】内部控制评价和审计

（1）内部控制评价。

项目	具体内容
内部控制评价定义	企业董事会或类似权力机构应当定期对内部控制的有效性进行全面评价、形成评价结论、出具评价报告。内部控制有效性是指企业建立与实施内部控制对实现控制目标提供合理保证的程度，包括内部控制设计的有效性和内部控制运行的有效性
内部控制评价内容	企业应当从内部环境、风险评估、控制活动、信息与沟通、内部监督等要素入手，结合企业业务特点和管理要求，确定内部控制评价的具体内容，建立内部控制评价的核心指标体系，对内部控制设计与运行情况进行全面评价
内部控制评价程序	企业开展内部控制评价工作，一般程序为：设置内部控制评价部门、制定评价工作方案、组成评价工作组、实施现场测试、汇总评价结果、编报评价报告等

续表

	具体内容
内部控制 评价方法	企业在开展内部控制检查评价工作过程中，应当根据评价内容和被评价单位具体情况，综合运用个别访谈、调查问卷、专题讨论、穿行测试、实地查验、抽样和比较分析等方法，广泛收集被评价单位内部控制设计和运行是否有效的证据
内部控制 缺陷认定	内部控制缺陷是评价内部控制有效性的负向维度，如果内部控制的设计或运行无法合理保证内部控制目标的实现，即意味着存在内部控制缺陷。按其成因分为设计缺陷和运行缺陷；按其表现形式分为财务报告内部控制缺陷和非财务报告内部控制缺陷；按其严重程度分为重大缺陷、重要缺陷、一般缺陷
内部控制 评价报告	内部控制评价报告经企业董事会批准后按要求对外披露或报送相关主管部门

（2）内部控制审计。

项目	具体内容
内部控制 审计定义	内部控制审计是指会计师事务所接受委托，对特定基准日内部控制设计与运行的有效性进行审计。内部控制审计属于注册会计师外部评价，内部控制评价属于企业董事会自我评价，两者有着本质的区别：①两者的责任主体不同。建立健全和有效实施内部控制，评价内部控制的有效性是企业董事会的责任；在实施审计工作的基础上对内部控制的有效性发表审计意见，是注册会计师的责任。②两者的评价目标不同。内部控制评价是企业董事会对各类内部控制目标实施的全面评价；内部控制审计是注册会计师侧重对财务报告内部控制目标实施的审计评价。③两者的评价结论不同。企业董事会对内部控制整体有效性发表意见，并在内部控制评价报告中出具内部控制有效性结论；注册会计师仅对财务报告内部控制的有效性发表意见，对内部控制审计过程中注意到的非财务报告内部在内部控制审计报告中增加"非财务报告内部控制重大缺陷描述段"予以披露。值得说明的是，在内部控制审计过程中，注册会计师可以根据实际情况对企业内部控制评价工作进行评估，判断是否利用企业内部审计人员、内部控制评价人员和其他相关人员的工作以及可利用程度，从而相应减少本应由注册会计师执行的工作

项目		具体内容
内部控制审计程序		内部控制审计程序包括：计划审计工作、实施审计工作、评价控制缺陷、完成审计工作
审计意见类型	无保留审计意见	发表无保留审计意见必须同时符合两个条件：①企业按照内部控制有关法律法规以及企业内部控制制度要求，在所有重大方面建立并实施有效的内部控制；②注册会计师按照有关内部控制审计准则的要求计划和实施审计工作，在审计过程中未受到限制
	带强调段的无保留意见	注册会计师认为财务报告内部控制虽不存在重大缺陷，但仍有一项或者多项重大事项需要提请审计报告使用者注意的，应在审计报告中增加强调事项段予以说明，该段内容仅用于提醒内部控制审计报告使用者关注，并不影响对财务报告内部控制发表的审计意见
	否定意见	注册会计师认为财务报告内部控制存在一项或多项重大缺陷的，除非审计范围受到限制，应对财务报告内部控制发表否定意见。注册会计师出具否定意见的内部控制审计报告中需包括重大缺陷的定义、重大缺陷的性质及其对财务报告内部控制的影响程度等内容

续表

		具体内容
审计意见 类型	无法表示 意见	注册会计师审计范围受到限制的，应当解除业务约定或出具无法表示意见的内部控制审计报告，在报告中指明审计范围受到限制，无法对内部控制有效性发表意见。注册会计师在已执行的有效程序中发现内部控制存在重大缺陷的，应当在"无法表示意见"的审计报告中对已发现的重大缺陷作出详细说明

学习心得 --

【要点9】公司治理

含义	公司治理是根据股东和其他利益相关方的利益指导和控制企业的体系
应注意的问题	（1）公司治理目标不仅是股东利益的最大化，而且是保证所有利益相关者的利益最大化。 （2）公司治理主要问题包括公司所有者与经营者的代理问题、大股东与中小股东之间的代理问题、企业与其他利益相关者之间的关系问题。 （3）要实现公司治理目标，不仅应权力制衡，而且应确保企业决策的科学化和公正性；不仅应完备公司治理结构，更需要建立有效的公司治理机制，包括战略决策系统、企业文化、高管控制制度、权责利划分及流程、收益分配激励制度、财务制度、内部控制审核、人力资源管理，以及外部监督机制

【要点10】风险管理、内部控制与公司治理的关系

关系	具体内容
风险管理与内部控制的关系	（1）风险管理与内部控制作为企业管理的两大工具，各自经历了理论体系的创新和实务操作的发展。内部控制由传统的内部牵制制度逐步发展为以风险为导向的内部控制整合框架，风险管理也由分散的财务、经营和战略风险管理逐步发展为整合风险管理。 （2）风险管理相对于内部控制，在保证公司目标的实现方面，具有动态性、灵活性；而将内部控制内嵌于企业流程之中，能够更好地帮助企业防范已知风险，两者在业务活动中不可或缺；内部控制有效实施是风险管理"落地"的有力支撑，而风险管理技术方法也拓展了内部控制的外延和内涵。因此，应强调内部控制与风险管理的整合与统一
风险管理、内部控制与公司治理的关系	公司治理结构作为企业的内部环境，必然对企业风险管理和内部控制产生影响，薄弱的治理结构将直接导致风险管理和内部控制减弱；反之，内部控制和风险管理的加强也有利于公司治理结构及内部环境的优化

第四章　企业投资、融资决策与集团资金管理

☞ 掌握投资决策的步骤、投资项目的决策评价方法及具体应用、投资项目现金流量的估计、投资项目的敏感性分析

☞ 掌握国有企业境外投资财务管理

☞ 掌握企业融资决策评判的维度、融资规划与企业增长管理、企业融资方式及其选择、企业资本结构决策与管理

☞ 掌握企业集团资金集中管理的功能与模式

☞ 熟悉投资项目的类别

☞ 熟悉私募股权投资基金组织形式与退出方式

☞ 熟悉境外直接投资风险管理

☞ 熟悉企业融资的权限及决策规则

☞ 熟悉企业集团融资规划

☞ 熟悉企业集团财务公司设立与相关管理要求、企业集团财务风险控制、企业集团司库管理

【要点1】投资决策方法

（1）回收期法（payback）。

类型	含义	优缺点
非折现回收期	投资回收期指项目投产后带来的现金净流量累计至与原始投资额相等时所需要的时间。 回收期=现金净流量累计为正值前一年的年限+现金净流量累计为正值当年年初未收回投资/该年现金净流量	优点：可以计算出资金占用在某项目中所需的时间，在其他条件相同的情况下，回收期越短，项目的流动性越好，方案越优。 缺点：未考虑回收期后的现金流量
折现回收期	通过计算每期现金流量的折现值，然后按回收期公式计算	

（2）净现值法（NPV）。

含义	指项目投产后未来现金净流量现值与原始投资额现值之间的差额；不能反映项目的安全边际，即项目收益率高于资金成本率的差额部分
公式	净现值＝未来现金净流量现值－原始投资额现值
决策原则	对于独立项目当净现值为正数时，表明除补偿投资者的投入本金和必需的投资收益之后，项目有剩余收益，使企业价值增加，即项目可以接受。若两个项目为互斥项目，则取正的净现值数额较大者
优缺点	①使用现金流量而非利润，而现金流量相对客观； ②考虑了投资项目整体，在这一方面优于回收期法； ③考虑了货币的时间价值； ④与股东财富最大化（财务管理最高目标）紧密联结； ⑤允许折现率的变化； ⑥净现值是绝对量指标，不便于规模不同的项目比较

（3）内含报酬率法（IRR）。

类型	内容	优缺点
传统的内含报酬率法	①使项目未来现金净流量现值恰好与原始投资额现值相等时的折现率。 ②计算：NPV＝0，求解折现率	优点：既考虑了货币时间价值，也考虑了整个项目周期的现金流量；相对数指标，不仅可以和资本成本率比较，还可以与通货膨胀率以及利率等一系列经济指标进行比较。 缺点：无法衡量公司价值的绝对增长；在衡量非常规项目时可能产生多个 IRR，造成项目评估的困难；在衡量互斥项目时，传统的内含报酬率法和净现值法可能得出矛盾的结论，此时根据净现值法进行决策
修正的内含报酬率法（MIRR）	①克服了内含报酬率再投资的假设以及没有考虑整个项目周期中资本成本率变动的问题，认为项目收益被再投资时其再投资收益率应该是项目实际的资本成本。 ②计算方法：投资阶段的现值 × $(1＋MIRR)^n$＝回报阶段的终值	

（4）现值指数法（PI）。

项目	内　　容
含义	指项目投产后未来现金净流量现值与原始投资额现值的比值。现值指数表示1元初始投资取得的现值毛收益；提供了相对于投资成本而言的获利率，反应项目的收益率与风险，指数越高项目获利能力越高
公式	现值指数＝未来现金净流量现值/原始投资额现值×100%
决策原则	如果现值指数大于1，则项目可接受。现值指数值越高越好

（5）会计收益率法（AAR）。

项目	内　　容
含义	指项目寿命期的预计年均收益额和项目原始投资额的百分比
公式	会计收益率＝年均收益额/原始投资额×100%

续表

项目	内　　容
决策原则	比率越高越好
优缺点	优点是计算简便、应用范围广，在计算时可以直接使用会计报表数据；缺点是未考虑货币的时间价值

学习心得

【要点2】投资决策方法的特殊应用——不同寿命周期的项目

方法	具体内容
重置现金流量法（共同期限法）	（1）决策方法：假设方案可以重置，选择共同寿命期（最小公倍寿命）下净现值大的方案为最优方案。 （2）注意的问题：①在存在通货膨胀的情况下，需要对各年的净现金流量进行调整；②如果预测项目执行过程中可能遇到重大技术变革或其他重大事件，也需要对各年的净现金流量进行调整
等额年金法（年度化资本成本法）	（1）两个假设：①资本成本率既定；②项目可以无限重置。 （2）决策方法：在两个假设的基础上，通过净现值除以普通年金现值系数计算出等额年金，等额年金较高的方案则为较优方案。 （3）公式：$P_{mt} = NPV \div (P/A, i, n)$

【要点3】现金流量的估计

（1）现金流量的相关概念。

方法	具体内容
沉没成本	指已发生的支出或费用，不属于采用某项目而带来的增量现金流量。在投资决策分析中不用加以考虑
分摊的间接费用	无论项目是否投资，预先分摊的间接费用都已经存在并将持续发生。因此项目分摊的间接费用不属于增量现金流量，是不相关成本。但是如果项目实施可以带来新的间接费用的增长，则增长部分属于相关成本
机会成本	在互斥项目的选择中，如果选择了某一方案，就必须放弃另一方案或其他方案，所放弃项目的预期收益就是采用项目的机会成本。机会成本是需要考虑的
关联影响	当采纳一个新的项目时，该项目可能对公司其他部门造成有利或不利影响，如新产品推出，会使其他产品销售收入增加或减少（即互补效应或挤出效应）

（2）三种计算项目营业现金流量的方法。

方法	具体内容
根据现金流量定义直接计算（直接法）	营业现金流量＝营业收入－付现成本－所得税
根据利润调整计算（间接法）	营业现金流量＝税后净利＋折旧
根据所得税对收入和折旧的计算	营业现金流量＝税收收入－税后付现成本＋折现×税率＝收入×（1－税率）－付现成本×（1－税率）＋折旧×税率

【要点4】投资项目的风险调整

方案	具体思路	相关说明
确定当量法	利用确定当量系数，把不确定的现金流量折算成确定的现金流量，以无风险的报酬率作为折现率计算净现值	确定当量系数是指不确定的1元现金流量期望值相当于使投资者满意的确定金额的系数，项目现金流量的风险越大，约当系数越小
风险调整折现率法	风险调整折现率法是对折现率进行调整。平均风险的项目按平均资本成本率计算净现值；对高风险项目按高于平均资本成本率计算净现值；对低风险项目按低于平均资本成本率计算净现值	实务中经常使用风险调整折现率法的主要原因：（1）它与财务决策中倾向于报酬率进行决策的意向保持一致；（2）风险调整折现率法比较容易估计与运用

【要点 5】私募股权投资决策

项目	内　　容
概述	指采用私募方式募集资金，对非上市公司进行的股权和准股权投资。投资项目的选择标准通常包括杰出管理团队、有效商业模式或核心技术、持续增长能力和可行退出方案
投资步骤	投资立项；投资决策；投资实施
类别	创业投资（风险投资）；成长资本（扩张资本）；并购基金；房地产基金；夹层基金；母基金（FOF）；产业投资基金
基金的组织形式	有限合伙制（最主要的运作方式）；公司制；信托制
退出方式的选择	首次上市公开发行（IPO）；二次出售；股权回购；清算退出

【要点6】境外直接投资决策

项目	内　　容
投资动机	获取原材料；降低成本；分散和降低经营风险；发挥自身优势、提高竞争力；获取先进技术和管理经验；实现规模经济
投资方式	参股；合营；独资经营；新设企业；并购
决策步骤	选出最有价值的项目，召开投资立项会进行立项审批；尽职调查，并根据调查报告组成投资决策会进行投资论证和项目决策；董事会表决，通过后签订投资协议，实施投资及投后管理
评价指标	财务评价使用与境内建设项目相同的评价指标，如会计收益率、回收期、净现值、现值指数、内含报酬率等。境外直接投资面临更为复杂的特定环境，还应当注意如下问题：（1）境外投资项目评价主体问题；（2）汇回母公司现金流量问题；（3）外汇和汇率问题

续表

项目		内容
国有企业境外投资财务管理职责	决策机构	国有企业内部决策机构（包括股东会、党委会、董事会、总经理办公会等）对本企业境外投资履行相应管理职责
	财务负责人	国有企业应当在董事长、总经理、副总经理、总会计师、财务总监等成员中确定一名主管境外投资财务工作的负责人，以确保决策层有专人承担财务管理职责
	集团公司	国有企业集团公司对境外投资履行以下职责：（1）制定符合本集团实际的境外投资财务制度；（2）建立健全集团境外投资内部审计监控制度；（3）汇总形成集团年度境外投资情况；（4）组织开展境外投资绩效评价工作，汇总形成评价报告；（5）对所属企业违规决策、失职、渎职等导致境外投资损失的，依法追究相关责任人的责任
决策管理		（1）尽职调查；（2）可行性研究；（3）敏感性分析；（4）内部决策
运营管理		（1）预算管理；（2）台账管理；（3）资金管理；（4）成本费用管理；（5）股利分配管理

续表

项目	内　　容
财务监督	国有企业应建立健全对境外投资的内部财务监督制度和境外投资企业（项目）负责人离任审计和清算审计制度，对连续三年累计亏损金额较大或者当年发生严重亏损等重大风险事件的境外投资企业（项目）进行实地监督检查或委托中介机构进行审计，并根据审计监督情况采取相应措施；此外要依法接受主管财政机关的财务监督检查和国家审计机关的审计监督
绩效评价	国有企业应当建立健全境外投资绩效评价制度，根据不同类型企业特点，设置合理的评价指标体系，定期对管理水平和效益情况开展评价，形成绩效评价报告

 学习心得

【要点7】境外直接投资风险管理

项目	内　容
主要风险类别	政治风险、经营风险、外汇风险
国家风险	国家风险（包含政治风险和经济风险）；根据借款人身份背景，国家风险还可以分为主权风险与转移风险；国家风险根据表现形式涉及跨国信贷、国际贸易和对外投资三大领域
对外投资领域涉及的国家风险形式	正式征用（没收无偿征用）、限制（对企业经营作出管制，限制外汇流动等）、干预（正常经营受到干预，如强制征税）、强制出售（低于市场价格出售资产并不给予补偿）

【要点8】融资决策概述

（1）融资决策评判。

谈判维度	具体内容
与企业战略匹配并支持企业投资增长	融资不是独立活动，要支撑企业战略驱动投资增长
风险可控	合理的筹资决策并非一味迎合投资战略或规划，要把握财务风险的可控性和企业发展的可持续性
融资成本低	不同融资方式、融资时机与融资结构都影响成本，成本是评价融资效率的核心财务标准

（2）融资与投资者关系管理。

内涵	投资者关系管理本质上是企业财务营销管理，通过各种形式的投资者关系活动，加强与投资者、潜在投资者的信息沟通与互信
作用	提高信息透明度；强化企业与市场互信关系；拓宽融资渠道，扩大融资规模；降低成本，提升企业价值

学习心得

【要点9】融资规划与企业增长管理

（1）单一企业外部融资需要量预测（相对于集团公司而言）。

项目	内　　　容
企业融资规划的基本模型	外部融资需要量＝满足企业增长所需的净增投资额－内部融资量＝（资产新增需要量－负债新增融资量）－预计销售收入×销售净利率×（1－现金股利支付率）
进行融资规划依据的基本假定	①市场预测合理假定：销售及增长预测考虑了未来市场变化的风险；②经营稳定假定：企业部分资产与部分负债等项目金额与销售收入比例在规划期内保持不变；③融资优序界定：先内部融资，后债务融资，最后为权益融资

（2）融资规划与企业增长率预测。

项目	含义	计算公式
内部增长率	指公司在"未对外"融资（包括负债和权益融资）情况下的预期最大增长率，即公司完全依靠内部留存融资所能产生的最高增长极限	$g（内部增长率）= \dfrac{P \times (1-d)}{A - P \times (1-d)}$ $g（内部增长率）= \dfrac{ROA \times (1-d)}{1 - ROA \times (1-d)}$
可持续增长率	指企业在维持某一目标或最佳债务/权益比率前提下，不对外发行新股等权益融资时的最高增长率	$可持续增长率 = \dfrac{P \times (1-d)(1+D/E)}{A - P \times (1-d)(1+D/E)}$ $可持续增长率 = \dfrac{ROE \times (1-d)}{1 - ROE \times (1-d)}$

（3）企业可持续增长与增长管理决策。

情形	财务决策
提高可持续增长率	①发售新股；②增加债务；③降低股利支付率；④提高销售净利率；⑤降低资产占销售百分比
降低可持续增加率	①增加股利分红；②采取薄利多销的政策；③降低杠杆率；④提高资产占销售百分比

⚙ **学习心得** -

- -

- -

- -

- -

【要点 10】权益融资

（1）配股。

项目	内　　容
基本概念	配股是指向原普通股股东按其持股比例、以低于市价的某一特定价格配售一定数量新发行股票的融资行为
配股除权价格	$配股除权价格 = \dfrac{配股前股票市值 + 配股价格 \times 配股数量}{配股前股数 + 配股数量}$ $= \dfrac{配股前每股价格 + 配股价格 \times 股份变动比例}{1 + 股份变动比例}$
配股权价值	$配股权价值 = \dfrac{配股后股票价格 - 配股价格}{购买 1 股新股所需的配股权数}$

（2）增发。

要素	定向增发的相关规定
发行对象	不超过 **35 名**，发行对象为境外战略投资者的，应遵守国家的相关规定
发行价格	不低于定价基准日前 20 个交易日公司股票价格均价的 **80%**，定价基准日为本次非公开发行股票发行期的首日
限售期	本次发行的股份自发行结束之日起 **6 个月**内不得转让；控股股东、实际控制人及其控制的企业认购的股份，**18 个月**内不得转让
财务状况	最近 1 年及 1 期财报未被注册会计师出具非标意见，或者非标意见涉及的影响已经消除
募集资金使用	募集资金数额不得超过项目需要量；募集资金必须存放于公司董事会决定的专项账户；募集资金符合国家产业政策和有关环保和土地政策规定
定向增发目的	项目融资、引入战略投资者以改善公司治理与管理、整体上市、股权激励、资产收购、资本结构调整与财务重组、深化国有企业改革与发展混合所有制的需要

（3）股票减持。

基本要素	具体内容
集中竞价	大股东通过交易所集中竞价减持，要求连续 90 日内处置股份数不超过总数的 1%
大宗交易	通过大宗交易平台减持，可以就减持规模、减持价格、交易日期进行协商，相对于集中竞价而言，其对股价影响较小；连续 90 日内处置股票不得超过总股本的 2%，不低于前一个交易日价格的 80%；受让方 6 个月禁售
询价转让	专门针对科创板股东的大额减持方式，询价过程与定增类似两者都锁定 6 个月，询价允许最大七折转让；单独或合计转让股份数不低于公司总股本的 1%；受让方 6 个月内禁售，不占用集中竞价与大宗交易额度
协议转让	股票出方和受让方可以自行约定价格，前一交易日收盘价或前几日均价作为参考；单个受让方的受让比例不低于公司股份总数的 5%；价格不低于协议签署日的大宗交易价格下限；受让方 6 个月内禁售
配售	单独或合计减持股份数不低于公司总股本的 5%；价格不低于配售首次公告日前 20 个交易日均价的 70%

【要点11】负债融资

（1）集团授信贷款。

基本要素	具体内容
内涵	拟授信的商业银行把与该公司有投资关联的所有公司视为一个公司进行综合评估，以确定一个贷款规模的贷款方式；主要针对集团客户
管理重点	确定授信业务范围、明确集团授信额度、要求提供相关信息材料、贷款提前收回
好处	①通过集团统一授信，实现集团客户对成员公司资金的集中调控和统一管理，增强集团财务控制力；②便于集团客户集中控制信用风险，防止子公司各自为政，有效控制集团整体财务风险；③依靠集团整体实力取得银行优惠授信，降低融资成本；④有利于成员企业借助集团资信取得银行授信支持，提高融资能力

（2）可转换债券。

基本要素	具体内容
基准股票	可转换债券可以转换成的普通股股票，一般为发债公司自身的股票，也可以是从属于发债公司的上市子公司股票
转换期	可转换债券转换为股票的起始日至结束日的期限。转换期≤债券期限
转换价格	可转换债券转换为每股股份所对应的价格。每份可转换债券可以转换的普通股股数称为转换比率，其计算公式为：转换比率＝债券面值/转换价格
转换价值	可转换债券可以转换的普通股股票的总价值。每份可转换债券的转换价值计算公式为：转换价值＝转换比率×股票市价。 转换价值＞纯债券价值，选择转股 转换价值＜纯债券价值，选择继续持有债券

续表

基本要素	具体内容
赎回条款	允许公司在债券发行一段时间后，无条件或有条件地在赎回期内提前购回可转换债券的条款。有条件赎回下，赎回条件通常为股价在一段时间持续高于转股价格所设定的某一幅度。可转换债券的赎回价格一般高于面值，超出的部分称为赎回溢价，计算公式为：赎回溢价 = 赎回价格 – 债券面值
强制性转股条款	要求债券投资者在一定条件下必须将其持有的可转换债券转换为股票。强制性转股的类型包括到期无条件强制性转股、转换期内有条件强制性转股等
回售条款	指允许债券持有人在约定回售期内享有按约定条件将债券卖给（回售）发债公司的权利，且发债公司应无条件接受可转换债券。约定的回售条件通常为股价在一段时间内持续低于转股价格达到一定幅度时，也可以是公司股票未达到上市目的等其他条件。回售价格一般为债券面值加上一定的回售利率

（3）集团分拆上市与整体上市。

基本要素	具体内容
分拆上市类型	集团总部将尚未上市子公司从集团整体中分拆出来进行上市；集团总部对下属成员单位业务进行分拆、资产重组并整合后上市；对已上市公司将部分业务单独分拆出来独立上市
分拆上市作用	集团多渠道融资及融资能力；形成对子公司管理层的有效激励和约束；解决投资不足的问题；使母、子公司价值得以正确评判
分拆上市弊端	市场圈钱嫌疑，影响集团财务形象；集团治理及财务管控难度加大
整体上市三种模式	换股合并、定向增发、集团首次公开发行上市

【要点 12】企业资本结构决策与管理

（1）EBIT – EPS（或 ROE）无差别点分析法。

项目	内　　容
含义	指企业在融资决策过程中，假定未来项目的预期投资收益（EBIT）存在变动性，则可以通过比较不同融资方式对每股收益（EPS）的影响大小来进行优化选择
基本步骤	①预计拟投资项目预期的 EBIT 水平； ②判断预期 EBIT 值的变动性； ③分别测算债务、权益两种融资方式下的 EBIT – EPS 无差别点； ④根据企业愿意承担风险程度来判断分析 EBIT 变动情况，决定融资方案
计算公式	每股收益 =（EBIT – 利息）×（1 – T）/ 普通股股数

续表

项目	内　容
决策原则	当预计息税前利润大于 EBIT – EPS 无差别点的息税前利润时，债务融资下每股收益较大，应选择债务融资；反之，则选择权益融资，如下图所示： 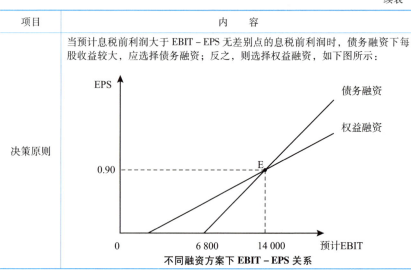 不同融资方案下 EBIT – EPS 关系

（2）资本成本比较分析法。

项目	内　　容
含义	通过计算和比较各种资本结构下公司的市场总价值及加权平均资本成本等来确定最佳资本结构的方法
基本步骤	①确定不同举债额下的公司权益资本成本：利用资本资产定价模型，权益资本成本 = 无风险利率 + β×（市场组合平均收益率 – 无风险利率） ②测算公司权益价值总额及公司价值总额：权益价值（E）=［（EBIT – I）×（1 – T）］/权益资本成本债务价值（D）= 长期债务的账面价值公司价值总额（V）= 权益价值（E）+ 债务价值（D） ③测算公司加权平均资本成本 = 税前债务成本×（1 – T）×D/V + 权益资本成本×E/V
决策选择	公司价值总额最大，加权平均资本成本最低的方案为最佳方案

【要点 13】企业集团资金管理与财务公司

（1）企业集团资金集中管理的基本模式。

模式	集团资金集中管理模式具体内容
总部财务统收统支模式	集团下属成员企业的一切资金收入都集中在集团总部的财务部门，成员单位不对外单独设立账号，一切现金支出都通过集团总部财务部门进行，现金收支的审批权高度集中。优点：有利于企业集团实现全面收支平衡，提高集团资金周转效率，减少资金沉淀，监控现金收支，降低资本成本。缺点：不利于调动成员企业开源节流的积极性，影响成员企业经营的灵活性
总部财务备用金拨付模式	集团财务部门按照一定的期限统拨给所有下属分支机构或分公司备其使用的一定数额的现金作为备用金，各分支机构或分公司发生现金支出后，将持有关凭证到集团财务部门报销并补足备用金

续表

模式	集团资金集中管理模式具体内容
总部结算中心或内部银行模式	①结算中心是由企业集团总部设立的资金管理机构，负责办理内部各成员企业的现金收付和往来结算业务； ②内部银行是将社会银行的基本职能与管理方式引入企业内部管理机制而建立起来的一种内部资金管理机构，主要职责是进行企业或集团内部日常的往来结算和资金调拨、运筹
财务公司模式	财务公司是企业集团内部经营部分银行业务的非银行金融机构，其经营范围除经营结算、贷款等传统银行业务外，还可开展外汇、包销债券、财务及投资咨询等其他业务

（2）企业集团财务公司。

项目	内　容
设立条件	符合国家政策拥有核心主业；2 年以上集团内部财务和资金集中管理经验；最近 1 年总资产不低于 300 亿元，净资产不低于总资产 30%，作为财务公司控股股东的，最近 1 个会计年度净资产不低于总资产 40%；财务状况良好最近 2 个年度收入每年不低于 200 亿元，税前利润总额每年不低于 10 亿元，作为控股股东的需要满足最近 3 个会计年度连续盈利；现金流量稳定并具有较大规模，最近 2 个会计年度末的货币资金余额不低于 50 亿元；权益性投资余额原则上不超过净资产 50%（含本次投资额），作为财务公司控股股东的，权益性投资余额原则上不超过净资产的 40%；正常经营成员单位数量不低于 50 家，确需通过财务公司提供资金集中管理与服务；母公司有良好公司治理结构和组织管理方式，无不当关联交易；母公司有良好社会声誉、诚信记录和纳税记录，最近两年内无重大违法违规行为；母公司最近 1 个会计年度实收资本不低于 50 亿元；母公司入股资金为自有资金，不得以委托资金和债务资金入股；银保监会规章规定的其他审慎性条件

续表

项目	内　　　容
业务范围	①吸收成员单位存款；②办理成员单位贷款；③办理成员单位票价贴现；④办理成员单位资金结算与收付；⑤提供成员单位委托贷款、债券承销、非融资性保函、财务顾问、信用鉴证及咨询代理服务。 符合条件的财务公司可以向中国银保监会申请下列业务： ①从事同业拆借；②办理单位票据承兑；③办理成员单位买方信贷和消费信贷；④从事固定收益类有价证券投资；⑤从事套期保值类衍生品交易；⑥银保监会批准的其他业务
监管指标要求	资本充足率不得低于银保监会最低监管要求；流动性比例不低于25%；贷款余额不得高于存款余额与实收资本之和的80%；集团外负债不得超过资本净额；票据承兑余额不得超过资产总额的15%；票据承兑余额不得高于存放同业余额的3倍；票据承兑和转贴现总额不得高于资本净额；承兑汇票保证金余额不得超过存款的10%；投资总额不得高于资本净额的70%；固定资产净额不得高于资本净额的20%；银保监会其他监管指标
治理结构	董事会：下设风险控制委员会和审计委员会
业务开展	资金业务、信贷业务

（3）集团资金集中管理模式。

运作模式	具体内容
收支一体化	成员单位在外部银行和财务公司分别开立账户，外部银行由集团总部统一核准，成员单位资金结算统一通过成员单位在财务公司内部账户进行；资金收入统一集中；资金统一支付
收支两条线模式	成员单位在指定银行分别开立收入账户和支出账户；成员单位同时在财务公司开立内部账户，授权财务公司进行查询和结转；每日末商业银行收入账户余额全部归集到财务公司内部账户；集团内外结算活动，全部通过财务公司结算业务系统进行；每日终了，成员单位以其在财务公司账户存款为限，以日间透支形式办理对外支付业务

（4）财务公司风险管理。

项目	内容
企业集团财务风险控制重点	①资产负债率控制。企业集团资产负债率控制包括两个方面：一是企业集团整体资产负债率控制：资产负债率水平的高低除考虑宏观经济政策和金融环境因素外，更取决于集团所属的行业特征、集团成长速度及经营风险、集团盈利水平、资产负债间的结构匹配程度等各方面。企业集团整体资产负债率的计量以合并报表为基础。二是母公司、子公司层面的资产负债率控制：为了确保子公司财务风险不会导致集团整体财务危机，集团总部需根据子公司的行业特点、资产特点、经营风险等制定子公司资产负债率的控制线。 ②担保控制。集团财务管理要求严格控制担保事项、控制担保风险。具体包括：一是建立以总部为权力主体的担保审批制度；二是明确界定担保对象；三是建立反担保制度

（5）集团司库管理。

项目	内容
运行模式	现金视角、资金视角、财务视角、金融视角
司库核心职能	交易管理、资产负债表和流动性管理、风险管理
司库目标	①降低融资成本和资金成本； ②为公司提供流动性； ③改善经营性现金流； ④提高现金流和资产负债表的稳定性

学习心得

第五章　企业成本管理

☞ 掌握企业内部和企业间价值链分析
☞ 掌握战略成本动因分析
☞ 掌握战略定位分析
☞ 掌握变动成本法在短期经营决策中的应用
☞ 掌握作业成本法及其应用环境
☞ 掌握作业成本信息与作业基础管理
☞ 掌握目标成本法及其应用环境
☞ 掌握目标成本的设定
☞ 掌握全生命周期成本管理
☞ 熟悉成本管理方法与原则
☞ 熟悉变动成本法及其应用环境
☞ 熟悉作业成本法的核算程序
☞ 熟悉目标成本控制与产品设计
☞ 熟悉质量成本管理
☞ 熟悉环境成本管理

【要点1】成本管理的概述

项目	内　容
财务会计的成本	指遵循会计准则或会计制度要求确认和计量的成本。在会计核算与报告体系中，广义的成本主要分为产品成本、期间费用两类
管理会计的成本	指可以用货币单位来衡量，为达到特定目的而发生的各种经济资源的价值牺牲
成本管理的含义	指企业在营运过程中实施成本预测、成本决策、成本计划、成本控制、成本核算、成本分析和成本考核等一系列管理活动的总称
成本管理的程序	事前（预测、决策、计划）、事中（成本控制）、事后（成本核算、成本分析、成本考核）

【要点2】成本管理观念的转变

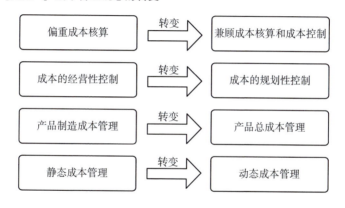

【要点3】 战略成本动因分析

项目	内　　容
概念	战略性成本动因分析是要判断和确定价值链中**每一价值**创造活动的成本动因
分类	**结构性成本动因** 指决定企业**基础经济结构**的因素，包括：规模、范围、经验、技术、多样性
	执行性成本动因 是与企业**执行价值活动程序**有关的动因，包括：员工参与、全面质量管理、资源和管理能力利用、厂房布局规划、产品结构、产业价值链的联结关系
应用	**合理选择结构性成本动因** (1) 做好投资决策，实现适度规模； (2) 选择企业适宜的纵向经营范围； (3) 通过积累经验不断降低成本； (4) 合理制定研究开发政策； (5) 对企业产品多样化程度进行合理化； (6) 工厂布局合理化

续表

项目		内　容
应用	强化执行性成本动因	（1）引导员工参与管理，增强员工责任感； （2）大力推进全面质量管理； （3）充分利用现有的生产能力； （4）产品设计合理化； （5）加强与供应商及客户之间的纵向合作

✓ 学习心得

【要点4】战略定位分析

项目	成本领先战略	差异化战略	目标聚集战略
战略目标	广阔市场	广阔市场	狭窄市场
竞争优势的基础	行业最低成本	独特的产品或服务	某一特定市场中的独特性或低成本
生产线	有限选择	广泛的多样性，各具特色	定位于所选细分市场
生产重点	尽可能低的成本；高质量和重要的产品特征	差异性创新	适用于所选细分市场
营销重点	低价格	溢价和独创的差异性	企业为所选细分市场服务的独特能力

【要点5】变动成本法

项目	内　　容
含义	指企业以成本性态分析为前提条件，仅将生产过程中消耗的变动生产成本作为产品成本的构成内容，而将固定生产成本和非生产成本作为期间成本，直接由当期收益予以补偿的一种成本管理方法
优缺点	优点：（1）区分固定成本与变动成本，有利于明确企业产品盈利能力和划分成本责任；（2）保持利润与销售量增减相一致，促进以销定产；（3）揭示了销售量、成本和利润之间的依存关系，使当期利润真正反映企业经营状况，有利于企业经营预测和决策。 缺点：（1）计算的单位成本并不是完全成本，不能反映产品生产过程中发生的全部耗费；（2）不能适应长期决策的需要
适用范围	（1）企业固定成本比重较大，采用变动成本法可以正确反映产品盈利状况； （2）企业规模大，产品或服务的种类多，固定成本分摊存在较大的困难； （3）企业作业保持相对稳定

续表

项目	内容	
在短期经营决策中的应用	产品成本＝直接材料成本＋直接人工成本＋变动制造费用	
	（1）是否接受追加订单的决策	相关损益＝追加订单所提供的边际贡献－该订单所引起的相关成本，大于0才可接受
	（2）是否继续生产亏损产品的决策	若剩余生产能力无法转移，亏损产品的边际贡献＞0，继续生产；若剩余生产能力可以转移：边际贡献＞转移的机会成本，继续生产
	（3）零部件自制或外购的决策	自制能力无法转移，自制变动成本＜外购成本，选择自制；自制能力可以转移，变动成本＋机会成本＞外购成本，选择外购

【要点6】作业成本法（ABC）

项目		内　容
相关概念	资源	在作业进行中被运用或使用的经济要素（人力、物力、财力等）
	作业	企业基于特定目的的重复执行的任务或活动
	成本动因（中介）	诱导成本发生的原因，分为资源动因和作业动因
	作业中心	具有同质作业动因的作业集合
	成本库	归集了一个作业中心所耗用的全部资源
	原则	作业消耗资源、产出消耗作业
优缺点	优点：（1）能提供更加准确的各维度成本信息，有助于企业提高产品定价、作业与流程改进、客户服务等决策的准确性；（2）改善和强化成本控制，促进绩效管理的改进和完善；（3）推进作业基础预算，提高作业、流程、作业链管理的能力。 缺点：（1）部分作业的识别、划分、合并与认定，成本动因的选择及成本动因计量方法的选择等均存在较大的主观性；（2）操作较为复杂，执行成本较高，有可能违背成本效益原则	

续表

项目	内　容
两步制分配程序	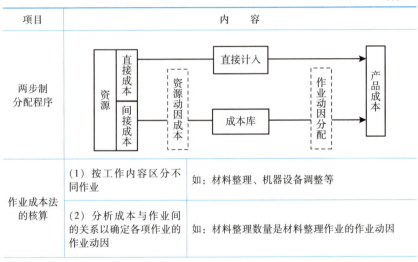
作业成本法的核算	（1）按工作内容区分不同作业　如：材料整理、机器设备调整等
	（2）分析成本与作业间的关系以确定各项作业的作业动因　如：材料整理数量是材料整理作业的作业动因

续表

项目	内　　容	
作业成本法的核算	（3）设置成本库并归集资源耗费到作业中心	①按资源动因把资源消耗分配到作业；②把具有相同作业动因的作业合并形成作业中心，再将作业中心中各项作业的资源耗费合并加总到一起
	（4）基于作业成本动因确定各项作业成本库的成本分配率并分配成本	①用各作业成本库中作业成本除以作业动因的单位数，计算出作业动因成本分配率；②根据成本对象耗用的作业量和作业成本分配率，将作业成本分配到产品或服务中
适用范围	（1）间接成本在产品成本中的比重较高或逐年升高，通过传统成本法核算间接成本已不能适应公司管理的需要； （2）作业类型较多且作业链较长； （3）同一生产线生产多种产品； （4）企业规模较大且管理层对产品成本准确性要求较高； （5）产品、客户和生产过程多样化程度较高； （6）间接或辅助资源费用所占比重较大等	

【要点 7】作业分析与作业基础管理

项目		内　　容
作业分析	步骤	（1）区分增值作业和非增值作业； （2）分析确认重要性作业； （3）对标及有效性分析； （4）关联性分析
	具体做法	（1）资源动因分析：评价作业的有效性； （2）作业动因分析：评价作业的增值性（需同时满足 3 个条件：作业的功能明确、能为最终产品提供价值、在企业整个作业链中是必需的）； （3）作业链的综合分析
作业改进		（1）消除不必要的作业以降低成本； （2）在其他条件相同时选择成本最低的作业； （3）提高作业效率减少消耗； （4）作业共享； （5）利用作业成本信息编制资源使用计划配置未使用资源

续表

项目		内　容
作业成本信息与企业经营决策	作业成本法下的本量利决策	利润 = 销量 ×（单价 – 单位短期变动成本 – 单位长期变动成本）– 固定成本 边际贡献 = 收入 – 短期变动成本 – 长期变动成本 目标销量 =（固定成本 + 目标利润)/（单价 – 单位短期变动成本 – 单位长期变动成本）
	产品盈利性分析	可以帮助管理者找寻盈利能力最强的产品，引导企业确定最佳的产品组合
	作业基础产品定价决策	是企业常用的一种定价方法，基于作业成本信息且借助于成本加成定价策略进行产品定价（加成的"成本"通常针对相关成本或增量成本）

【要点8】目标成本法概述

项目	内　容
含义	指企业以市场为导向，以目标售价和目标利润为基础确定产品的目标成本，从产品设计阶段开始，通过各部门、各环节乃至与供应商的通力合作，共同实现目标成本的成本管理方法
优缺点	优点：（1）突出从原材料到产品或服务全过程成本管理，有助于提高成本管理的效率和效果； （2）强调产品寿命周期成本的全过程和全员管理，有助于提高客户价值和产品市场竞争力； （3）谋求成本规划与利润规划活动的有机统一，有助于提升产品的综合竞争力。 缺点：其应用不仅要求企业具有各类所需要的人才，更需要各有关部门和人员的通力合作，管理水平要求较高

续表

项目	内　　容
目标成本管理的**核心流程**	（1）在市场调查、产品特性分析的基础上，确定目标成本； （2）组建跨职能团队并运用价值工程法（或价值分析法）等方法，将目标成本嵌入产品设计、工程、外购材料等的过程控制之中，以使产品设计等符合目标成本要求； （3）将设计完的产品生产方案投入生产制造环节，同时通过制造环节的"持续改善策略"，进一步降低产品制造成本
实施原则	（1）**价格引导的成本管理**； （2）**关注顾客**； （3）**关注产品与流程设计**； （4）**跨职能合作**； （5）**生命周期成本削减**； （6）**价值链参与**

【要点 9】目标成本的设定

项目	内容
含义	目标成本是基于产品的竞争性市场价格，在满足企业从该产品中取得必要利润情况下所确定的产品或服务的最高期望成本
公式	产品目标成本 = 产品竞争性市场价格 – 产品的必要利润 　　　　　　= 市场价格 ×（1 – 目标销售利润率） 　　　　　　= 市场价格 × 目标销售成本率 　　　　　　= 市场价格 × 1/（目标成本利润率 + 1）
设定	（1）市场调查。了解顾客对产品特性、功能、质量、销售价格等各方面的需求。 （2）竞争性价格的确定。指在买方市场结构下由顾客、竞争对手等所决定的产品价格。价格考虑因素：可接受价格；竞争对手分析；目标市场份额。价格确定方法包括： ①市价比较法：以已上市产品的市场价格为基础，加减新产品增加或减少的功能或特性（包括质量、外观等）的市场价值；

续表

项目	内　　容
设定	②目标份额法：预测在既定预期市场占有率目标下的市场售价。 （3）必要利润的确定。考虑以下两种不同行为动机对目标成本测定的影响： ①采用相对激进的方法确定目标成本（如提高必要利润水平），人为调低目标成本，增加目标成本对产品设计过程的"硬预算"约束力，并辅以目标成本实现的"激励"属性，进而实现目标利润； ②采用相对宽松的方法确定目标成本（如调低必要利润水平），进而为产品设计提供相对较多的备选项，以提高产品设计的灵活性

 学习心得 --

【要点 10】 目标成本控制

项目		内　容
供应链管理	如何强化供应链管理	合格供应商的评定、建档管理及信息更新非常重要，更重要的是加强企业与供应商之间的联动，并为供应商降低供货成本提供足够激励
	如何激励供应商	企业要让供应商分享因跨组织合作产生成本削减所带来的各种好处（包括信息共享、财务激励等）

学习心得

【要点11】全生命周期管理

项目	内 容
含义	广义的全生命周期成本的主要内容包括：产品研发成本、产品生产成本、产品营销成本、消费者购买后的使用成本及产品废弃成本

管理方法	研发阶段	重点不是要降低研发费用，而是要努力研发出既适应市场需求，又不会造成生产过剩，功能齐全且有竞争力的产品。价值工程分析法：V（价值）$= F$（功能）$/C$（成本）
	生产阶段	成本管理策略包括：（1）标杆成本制定。（2）作业成本法核算。（3）适时生产管理（JIT）。（4）目标成本法与作业成本结合来控制生产成本。此外，按需生产，构建高效供应链，加速流转，降低库存，提高效益。 成本标杆法通过不断与优秀企业的成本信息及结构进行对比分析，找到标杆，梳理标杆，从而达到降低成本的目的

续表

项目		内　容
管理方法	营销阶段	对于初创产品，可较多投入广告宣传费；对处于成熟期的产品，可适当减少宣传费的投入；对处于衰退期的产品，要注重短期收益
	售后服务和废弃阶段	在售后服务阶段，企业应该把顾客使用阶段的成本考虑进去；在维护阶段，企业应该有效管理为提高客户满意度而支出的大量成本，在废弃或升级阶段，应该对客户的追加成本及企业的替换成本进行核算

学习心得

【要点12】质量成本管理

项目	内　　容
含义	以质量成本为核算内容的会计核算与管理体系
质量成本 的内容	**运行质量 成本** （1）**预防成本**：质量工作费用、产品评审费用、质量培训费用、质量奖励费用、质量改进措施费用、质量管理专职人员工资及福利费用等； （2）**鉴定成本**：检测试验费、工资及福利费、检验验办公费、检验测试设备及房屋折旧费等； （3）**内部损失成本**：废品损失、返修成本、停工损失、事故分析处理费、产品降级损失等； （4）**外部损失成本**：诉讼费、赔偿费、退货费、保修费、产品降价损失等
	外部质量 保证成本 （1）为提供特殊的、附加的质量保证措施、程序、数据所支付的费用； （2）产品的验证试验和评定的费用； （3）为满足用户要求，进行质量体系认证所发生的费用

续表

项目		内　　容
核算	独立核算形式	把质量成本的核算和正常的会计核算分开，单独设置质量成本的账外记录，由各控制网点进行核算。 优点：简便易行，不影响现有的会计核算体系； 缺点：不能对质量成本的实际发生数进行准确和有效的控制
	非独立核算形式	在原有的会计科目表中增设"质量成本"一级科目等，把质量成本的核算和正常的会计核算结合在一起。 优点：能对质量成本的实际数进行准确而有效的控制； 缺点：与现行会计制度不相容，会计期末无法在资产负债表和损益表中进行反映
计量	显性质量成本的计量	由预防成本、鉴定成本、内部损失成本、部分外部损失成本构成

续表

项目		内　　容
计量	隐性质量成本的计量	（1）乘数法。 全部外部损失成本 = K × 已计量外部损失成本 隐性质量成本 = 全部外部损失成本 − 已计量外部损失成本 （2）市场研究法。 用于预计不良质量所带来的未来利润流失数 （3）塔古奇损失函数法。 $L(Y) = K(Y − T)^2$，$K = C/D^2$ 其中，L 为隐性质量成本；Y 为质量特性的实际值；K 为企业外部损失成本结构的比例函数；T 为质量特性的目标值；C 为上限或下限值对应的预期隐性质量成本；D 为上限或下限相对于目标值的偏离值
控制和报告		（1）质量成本的控制包括：新产品开发设计阶段、生产过程、销售过程及质量成本的日常控制； （2）质量成本报告包括：各质量成本要素占总质量成本的比重；各质量成本要素及总质量成本金额占销售成本或销售收入的比重；如果企业制订了质量成本预算，还需反映实际数与预算数的差额

【要点 13】环境成本管理

项目	内 容
含义	环境成本是指本着对环境负责的原则,为管理企业活动对环境造成的影响而被要求采取措施的成本,以及因企业执行环境目标和要求所付出的其他成本
分类	从发生时间范围的角度	(1) **历史环境成本**:企业对环境的损害行为发生在过去的某些会计期间,当前,企业必须对之前的经营活动造成的自然环境损失进行清理或者弥补社会影响,从而产生的环境成本。如:以前年度生产经营因损害环境所发生的后续处理成本,包括恢复成本和再生成本。恢复成本是指对因生产遭受的环境资源损害给予修复而引起的开支;再生成本是指企业在经营过程中对使用过的环境资源使之再生的成本,如造纸厂、化工厂对废水净化的成本。 (2) **运营环境成本**:耗减成本、恶化成本;耗减成本是指企业生产经营活动中耗用的那部分环境资源的成本;恶化成本是指因企业生产经营条件恶化而导致企业环境成本上升的部分,如水质污染导致饮料厂的成本上升,甚至无法开工而增加的成本。

续表

项目		内　容
分类	从发生时间范围的角度	**（3）未来环境成本**：企业为避免或减轻对未来环境的污染损害而事前予以开支的成本，具体包括：环境资源保护项目的研究、开发、建设、更新费用；社会环境保护公共工程和投资建设、维护、更新费用中由企业负担的部分；企业其他与环保相关预防费用等
	从环境成本形成的角度	（1）企业环保系统的研究开发成本； （2）生产过程直接降低环境负荷的成本； （3）生产过程间接降低环境负荷的成本； （4）销售及回收过程降低环境负荷的成本； （5）企业配合社会地域的环保支援成本； （6）其他环保支出
	从环境成本空间范围的角度	（1）内部环境成本：如排污费、环境破坏罚金或赔偿费、环境治理费或环境保护设备投资等； （2）外部环境成本：企业经济活动导致但尚未明确计量且未由企业承担的不良环境后果成本

续表

项目	内　容
确认与计量	（1）两种确认情况：一是为达到环境保护法规所强制实施的环境标准所发生的费用；二是国家在实施经济手段保护环境时企业所发生的成本费用。 （2）计量单位以货币计量为主，但要适量使用一些实物或技术的计量形式；涉及可能的未来环境支出和负债、准备金提取进行合理判断时，可采用防护费用法、恢复费用法、政府认定法、法院裁定法等非历史成本计量属性

环境成本核算方法	传统成本核算法	环境成本一般列入制造费用项目中，然后采用一定方法分配到各种产品的成本，或将环境成本直接列入"管理费用""营业外支出"等账户
	作业成本法	首先确定每种环境成本的作业动因及各种产品的作业动因数，其次计算环境作业分配率，最后编制环境成本分配表

续表

项目		内　容
环境成本**核算方法**	**生命周期成本法**	（1）普通生产经营成本：包括直接材料、直接人工、能源成本、厂房设备成本等，以及为保护环境而发生的生产工艺支出、建造环保设施支出等； （2）受规章约束的成本：包括排污费、检测监控污染情况的成本、因违反环境法规而缴纳的罚款、向政府机构申请废气排放许可证的成本等； （3）或有负债成本：包括由于环境污染严重而尚未治理，政府极有可能对企业处以罚款、企业因污染对周围单位或个人的人身财产造成伤害而可能导致的赔偿等
	完全成本法	将与企业的经营、产品或劳务对环境产生的影响有关的内部成本（包括内部环境成本）和外部成本综合起来的会计方法，能核算企业的环境会计总成本
成本控制		（1）实行环境成本管理目标责任制； （2）构建环境成本控制系统； （3）推行无污染清洁生产工艺

第六章 企业绩效管理

☞ 掌握绩效管理的原则、层级与组织
☞ 掌握绩效结果的应用
☞ 掌握关键绩效指标法的应用（含义及其优缺点、制定程序、选取的方法、权重及目标值的确定）
☞ 掌握经济增加值法的计算与应用
☞ 掌握平衡计分卡的应用（指标体系设计、指标的权重及目标值的设置）
☞ 熟悉绩效管理的应用环境
☞ 熟悉企业绩效管理的基本程序
☞ 熟悉经济增加值法的含义及其优缺点和指标体系的制定程序
☞ 熟悉平衡计分卡的含义及其优缺点

【要点1】企业绩效管理概述

项目	具体内容
含义	（1）绩效管理是指各级管理者和员工为了达到组织目标，共同参与的绩效计划制定、绩效辅导沟通、绩效考核评价、绩效结果应用、绩效目标提升的持续循环过程。 （2）绩效管理的核心是绩效评价和激励管理。绩效评价是企业实施激励管理的重要依据，激励管理是促进企业绩效提升的重要手段。 （3）绩效评价是指企业运用系统的工具方法，对一定时期内企业运营效率与效果进行综合评判的管理活动。绩效评价是绩效管理的核心内容。绩效评价的最终目的是提升企业的管理水平、管理质量和持续发展能力。绩效评价的过程是对照预期目标寻找差距，分解分析产生差距的原因，并提出绩效改进方案。所以，绩效评价既是对过往的总结，也是对未来的展望，有利于明确下一步的目标和方向
作用	（1）促进组织和个人绩效的提升；（2）促进管理流程和业务流程优化；（3）保证组织战略目标的实现

续表

项目	具体内容
原则	（1）目标导向原则；（2）客观公正原则；（3）共同参与原则；（4）注重反馈原则；（5）持续改进原则；（6）激励约束原则
组织	（1）企业进行绩效管理、开展绩效评价时，应设立薪酬与考核委员会或类似机构，协调解决绩效管理工作中的重大问题。 （2）薪酬与考核委员会或类似机构下设绩效管理工作机构，协调解决绩效管理工作中的日常问题
功能	（1）价值判断；（2）预测；（3）战略传达与管理；（4）行为导向
应用环境	（1）制度体系；（2）信息系统；（3）内部转移定价

【要点2】内部转移定价

项目	具体内容
责任中心与内部转移价格概念	（1）责任中心是指企业内部独立提供产品（或服务）、资金等的责任主体。按照责任对象的特点和责任范围的大小，责任中心可以分为成本（费用）中心、收入中心、利润中心和投资中心。 （2）内部转移价格，是指企业内部分公司、分厂、车间、分部等责任中心之间相互提供产品（或服务）、资金等内部交易时所采用的计价标准。内部转移定价能够清晰反映企业内部供需各方的责任界限，为绩效评价和激励提供客观依据，有利于企业优化资源配置。 （3）企业一般由绩效管理委员会或类似机构负责搭建内部交易和内部转移价格管理体系，制定相关制度，审核和批准内部转移定价方案，并由财务、绩效管理等职能部门负责编制和修订内部转移价格、进行内部交易核算、对内部交易价格执行情况进行监控和报告等内部转移价格的日常管理
内部转移定价应遵循的原则	（1）合规性原则。（2）效益性原则。内部转移定价应以企业整体利益最大化为目标，避免各责任中心为追求局部利益而损害企业整体利益。同时，应兼顾各责任中心及其员工的利益，充分调动各方积极性。（3）适应性原则

续表

项目	具体内容
内部转移定价的类型	（1）价格型内部转移定价。以市场价格为基础，由成本和毛利构成内部转移价格，一般适用于内部利润中心。责任中心所提供的产品（或服务）经常外销且外销比例较大的，或所提供的产品（或服务）有外部活跃市场可靠报价的，可以用外销价格或活跃市场报价作为内部转移价格。没有外部市场但企业出于管理需要设置为模拟利润中心的责任中心，可以在生产成本基础上加一定比例毛利作为内部转移价格。 （2）成本型内部转移定价。以标准成本等相对稳定的成本数据为基础，一般适用于内部成本中心。 （3）协商型内部转移定价。维持双方利益平衡，通过协商机制制定，主要适用于分权程度较高的情形。协商价格的取值范围一般不高于市场价格，不低于变动成本。 （4）企业可以根据管理需要，核算各责任中心的资金占用成本，将其作为内部利润的扣减项，或直接作为业绩考核的依据。责任中心占用的资金一般指货币资金，也可以包括原材料、半成品等存货以及应收款项等。占用资金的价格一般参考市场利率或加权资本成本制定

【要点3】 绩效目标的制定

项目	具体内容
绩效管理的主要环节	（1）绩效目标制定；（2）日常绩效检视与辅导；（3）绩效考核与反馈；（4）绩效结果应用
绩效目标的内涵和类型	（1）绩效目标是指管理者与员工在使命和核心价值观的指引下，对企业愿景和战略进行分解和细化，具体体现为绩效主体在绩效周期内需要完成的各项工作。绩效目标主要来源于两个方面，一是来自公司战略的分解，二是来自对职位职责的分析。 （2）绩效目标按照不同的分类标准，可以分为不同的类型： ① 按照绩效层次划分：组织绩效目标、部门绩效目标、个人绩效目标； ② 按照绩效周期的长短划分：短期目标、中期目标、长期目标； ③ 按照绩效目标的来源划分：战略性绩效目标、一般绩效目标
制定绩效目标的步骤	（1）成立一个由高层领导者参与的战略规划小组，制定组织的绩效目标。 （2）每一位高层领导与其分管部门的管理者组成小组，制定部门绩效目标。 （3）部门管理者与员工就部门目标分解和实现方式进行充分沟通，形成每个人的绩效目标。组织通过保证基层员工的绩效目标与部门绩效目标以及组织目标的协同性和一致性，实现化组织战略为每个员工的日常行动的目的。

续表

项目	具体内容
制定绩效目标的步骤	（4）绩效目标确定后，一般而言不得随意调整。下列情形下，经管理者和员工充分沟通确认后，可调整绩效目标：①管理层在绩效检视过程中发现绩效目标过少或过多；②被考核人的岗位发生变动；③由于公司战略方向或经营环境发生重大变化，必须调整计划的
绩效目标制定的基本原则	绩效目标制定应遵循 SMART 法则： （1）具体化原则。绩效目标应该尽可能地细化、具体化。 （2）可量化原则。绩效目标要能够被准确衡量，要有可供比较的标准。 （3）可实现原则。绩效目标通过努力就能实现，兼具挑战性和可行性。 （4）相关性原则。绩效目标体系要与组织战略目标相关联，个人绩效目标要与组织绩效目标和部门绩效目标相关联。 （5）时限性原则。完成绩效目标需要有时间限制

【要点4】绩效计划的制定

1. 绩效计划制定的基本要素。

项目	具体内容
基本要素	（1）构建指标体系；（2）分配指标权重；（3）确定绩效目标值；（4）选择计分方法；（5）确定评价周期；（6）拟定绩效责任书等

2. 绩效评价指标的分类。

项目	具体内容
逻辑关系	企业战略目标→关键成功因素（CSF）→关键绩效指标（KPI）
财务指标与非财务指标	（1）**财务指标**：是企业评价财务状况和经营成果的指标，用货币形式计量。缺陷：①财务指标面向过去而不反映未来，不利于评价企业在创造未来价值上的业绩；②财务指标容易被操纵；③财务指标容易导致短视行为；④财务指标不利于揭示出经营问题的动因。

续表

项目	具体内容
财务指标与非财务指标	(2) **非财务指标**：能反映未来绩效的指标，包括反映企业在经营过程、员工管理、市场能力和顾客服务方面表现的各种指标。非财务指标一般是财务指标的先行指标，较差的非财务指标必定会给企业带来不利影响并在财务指标中体现；出色的非财务绩效通常伴有出色的财务绩效
定性指标与定量指标	非财务指标有时难以用数字计量，只能定性反映。从管理角度看，绩效指标应当尽可能量化，目标无法量化就难以操作，就会形同虚设。实务中通常采用量化的指标来替代定性指标
绝对指标与相对指标	(1) 绝对指标反映被评价对象绩效的总量大小。 (2) 相对指标是两个绝对指标的比率
基本指标与修正指标	(1) 基本指标：是评价企业绩效的核心指标，将产生企业绩效评价的初步结果。 (2) 修正指标：是企业绩效评价指标体系中的辅助指标，对基本指标评价形成的初步评价结果进行修正，进而产生较为全面的企业绩效评价结果

续表

项目	具体内容
正向指标、反向指标、适度指标	（1）正向指标：指标值越大评价越好的指标。 （2）反向指标：指标值越小评价越好的指标。 （3）适度指标：越接近某预定值越好的指标

3. 指标权重设定方法。

方法	具体内容
主观赋权法	利用专家或个人的知识与经验来确定指标权重的方法，如德尔菲法、层次分析法等
客观赋权法	从指标的统计性质入手，由调查数据确定指标权重的方法，如主成分分析法、均方差法等

4. 绩效目标值。

目标值类型	具体内容
预算标准	（1）优点：有利于提高全面预算管理的效果和水平，实现预算管理与绩效评价的有效衔接，确保预算目标的实现。 （2）缺点：容易造成"预算松弛"或"预算过度"
历史标准	（1）在缺乏外部比照对象时采用自身历史绩效作为参照基准。 （2）方法：与上年实际、与历史同期实际、与历史最好水平比较。 （3）缺点：缺乏可比性问题；历史绩效的效率和计量偏差问题；"棘轮效应"问题；"鞭打快牛"问题
行业标准	（1）为了保证可比性，通常会选择同行业的标准，包括行业均值标准、行业标杆标准、跨行业标杆标准等。 （2）标杆法就是将企业自身的产品、服务或流程与标杆对象的最佳实务和经验相比较，以达到持续改进、提升绩效的目的

【要点5】绩效辅导、考核、反馈与应用

项目	具体内容
日常绩效检视与辅导	管理层应当持续检视当前经营行为是否有利于绩效目标的最终达成，最终绩效进度是否与计划进度相一致，并积极指导下属的工作方向、方法和技能，促进各级人员高绩效地产出
绩效考核	（1）绩效考核是对下属部门或个人某阶段工作成果的评估和登记确认过程，**绩效考核是绩效管理的核心环节。绩效考核的目的是对组织和个人绩效进行准确识别和有效区分，为激励机制的应用提供基础依据**。绩效考核的有效性依赖于绩效评价考核体系以及绩效考核指标体系的科学合理性。 （2）绩效考核的类型： ① 按考核时间不同，分为日常考核与定期考核； ② 按考核主体不同，分为主管考评、自我考评、同事考评、下属考评； ③ 按考核形式不同，分为定性考核与定量考核； ④ 按考核内容不同，分为特征导向型、行为导向型和结果导向型。

项目	具体内容
绩效考核	(3) 绩效考核的原则： ① 公平原则；② 严格原则；③ 单头（直接上级）考评原则；④ 结果公开原则；⑤ 结合奖惩原则；⑥ 客观考评原则；⑦ 反馈原则；⑧ 差别性原则；⑨ 信息对称原则。凡是信息对称，容易被监管的工作，适用于绩效考核。凡是信息不对称，不容易被监管的工作，适用于股权激励。 (4) 绩效考核的方法： ① 目标管理法（MBO）；② 目标与关键成果法（OKR）；③ 关键事件法（CIM）；④ 主基二元考核法；⑤ 360 度绩效考核法
绩效反馈	(1) 绩效反馈主要通过考核者与被考核者之间的沟通，就被考核者在考核周期内的绩效情况进行面谈，在肯定成绩的同时，找出工作中的不足并加以改进。 (2) 绩效反馈的内容： ① 通报员工当期绩效考核结果；② 分析员工绩效差距与确定改进措施；③ 沟通协商下一个绩效考评周期的工作任务与目标；④ 确定与任务、目标相匹配的资源配置
绩效结果应用	(1) 薪酬与奖励；(2) 评优奖先；(3) 晋职晋级；(4) 岗位调整；(5) 员工职业发展；(6) 绩效改进与培训；(7) 员工反馈与沟通；(8) 企业决策与规划

【要点6】关键绩效指标法（KPI）

项目		内　容
优缺点	优点	（1）使企业业绩评价与战略目标密切相关，有利于战略目标的实现；（2）通过识别的价值创造模式把握关键价值驱动因素，能够更有效地实现企业价值增值目标；（3）评价指标数量相对较少，易于理解和使用，实施成本相对较低，有利于推广实施
	缺点	关键绩效指标的选取需要透彻理解企业价值创造模式和战略目标，有效识别核心业务流程和关键价值驱动因素，指标体系设计不当将导致错误的价值导向或管理缺失
关键绩效指标基本类别		（1）结果类指标；（2）动因类指标
KPI结果类指标	投资资本回报率	息税前利润占其使用全部投资资本的比例，计算公式： 投资资本回报率 = [税前利润 × (1 - 所得税税率) + 利息支出]/投资资本平均余额 × 100% 投资资本平均余额 = (期初投资资本 + 期末投资资本)/2 投资资本 = 有息债务 + 所有者（股东）权益

续表

项目	内　　容	
KPI 结果类指标	净资产收益率	净资产收益率（ROE）＝净利润/平均净资产×100%
	经济增加值回报率	经济增加值回报率＝经济增加值/平均资本占用×100%
	息税前利润	息税前利润＝税前利润＋利息支出
	自由现金流量	自由现金流量＝经营活动净现金流量－付现资本性支出
KPI 动因类指标	动因类指标，是反映企业价值关键驱动因素的指标。主要包括：资本性支出、单位生产成本、产量、销量、客户满意度、员工满意度等	

【要点7】经济增加值法（EVA）

项目		内 容
优缺点	优点	（1）考虑了所有资本的成本，更真实地反映了企业的价值创造能力；（2）实现了企业利益、经营者利益和员工利益的统一，激励经营者和所有员工为企业创造更多价值；（3）能有效遏制企业盲目扩张规模以追求利润总量和增长率的倾向，引导企业注重长期价值创造
	缺点	（1）仅对企业当期或未来1~3年价值创造情况的衡量和预判，无法衡量企业长远发展战略的价值创造情况；（2）计算主要基于财务指标，无法对企业的营运效率与效果进行综合评价；（3）不同行业、不同发展阶段、不同规模等的企业，其会计调整项和加权平均资本成本各不相同，计算比较主观和复杂，影响指标的可比性
计算与应用		计算公式： 经济增加值（EVA）＝税后净营业利润（NOPAT）－ 平均资本占用（TC）× 加权平均资本成本率（K_{WACC}）

续表

项目		内　　容
计算与应用	税后净营业利润	税后净营业利润（NOPAT）= 息税前利润 ×（1 − 所得税税率） =（税前利润 + 利息支出）×（1 − 所得税税率） = 税后净利润 + 利息支出 ×（1 − 所得税税率）
	平均资本占用	平均资本占用（TC）=（有息）债务资本（DC）+ 股权资本（EC）
	加权平均资本成本率	$K_{WACC} = \dfrac{DC}{TC} \times K_D \times (1 - T) + \dfrac{EC}{TC} \times K_S$ 其中：K_D 代表税前债务资本成本率；K_S 代表股权资本成本率，通过资本资产定价模型确定；T 代表所得税税率

【要点8】平衡计分卡（BSC）

项目	内　　容
平衡计分卡的含义	（1）平衡计分卡是指基于企业战略，从财务、客户、内部业务流程、学习与成长四个维度，将战略目标逐层分解转化为具体的、相互平衡的绩效指标体系，并据此进行绩效管理的方法。（1+4框架体系） （2）"平衡"包括如下含义： ① 财务绩效与非财务绩效的平衡； ② 与客户有关的外部衡量以及与关键业务过程和学习成长有关的内部衡量的平衡； ③ 领先指标与滞后指标设计的平衡； ④ 结果衡量（过去努力的结果）与未来绩效衡量的平衡
优点	（1）战略目标逐层分解并转化为绩效指标和行动方案，使整个组织行动协调一致；（2）从财务、客户、内部业务流程、学习与成长四个维度确定绩效指标，使绩效评价更为全面完整；（3）将学习与成长作为一个维度，注重员工的发展要求和组织资本、信息资本等无形资产的开发利用，有利于增强企业可持续发展的动力

项目	内　容
缺点	（1）专业技术要求高，工作量比较大，操作难度也较大，需要持续地沟通和反馈，实施比较复杂，实施成本高；（2）各指标权重在不同层级及各层级不同指标之间的分配比较困难，且部分非财务指标的量化工作难以落实；（3）系统性强、涉及面广，需要专业人员的指导、企业全员的参与和长期持续的修正与完善，对信息系统、管理能力有较高的要求
基本框架	平衡计分卡提供了一个综合的绩效评价框架（1＋4），是将企业的战略目标转化为全面系统平衡的绩效评价体系。 平衡计分卡通过回答四个层面的基本问题来提升企业绩效： （1）我们的顾客如何看待我们？（客户层面） （2）我们必须擅长什么？（内部业务流程层面） （3）我们能否持续增加或创造价值？（学习与成长层面） （4）在股东眼中我们表现如何？（财务层面）
指标体系设计	财务维度	财务维度以综合性的财务指标描述了战略目标的有形成果。常用的财务维度指标有：投资资本回报率、净资产收益率、经济增加值、息税前利润、自由现金流、资产负债率、总资产周转率等

续表

项目		内　容
指标体系设计	客户维度	客户维度界定了目标客户的价值主张。常用的客户维度指标有：市场份额、客户满意度、客户获得率、客户保持率、客户获利率、战略客户数量等
	内部业务流程维度	内部业务流程维度需要确定企业所擅长的能够实施战略的关键内部过程。三个首要的内部业务过程分别是：创新过程、经营过程和售后服务过程
	学习与成长维度	学习与成长维度确定了对战略最重要的无形资产。常用的学习与成长指标有：员工保持率、员工生产率、培训计划完成率、员工满意度等
平衡计分卡有效应用三原则		(1) 各个层面的指标间具有因果关系。这种因果关系可以沿着平衡计分卡的四个层面推进，其最终的结果应当明确反映出公司的战略。 (2) 结果计量指标与绩效动因相关联。结果计量指标是滞后指标。绩效动因是领先指标。 (3) 与财务指标挂钩。所有的绩效指标最终都应落实到财务指标来计量其结果

第七章　企　业　并　购

☞ 掌握企业并购动因和并购分类
☞ 掌握并购决策的净收益法和托宾 Q 值法
☞ 掌握企业并购各种估值方法（现金流量折现法、可比企业分析法和可比交易分析法）的基本思路及其应用
☞ 掌握企业并购的主要支付方式
☞ 掌握企业并购后整合的基本内容
☞ 掌握企业合并的界定
☞ 掌握企业合并类型的划分与判断
☞ 掌握业务的判断
☞ 掌握同一控制下企业合并的会计处理原则
☞ 掌握非同一控制下企业合并的会计处理原则
☞ 熟悉企业并购的基本流程
☞ 熟悉并购融资渠道和融资方式
☞ 熟悉企业并购中的个人所得税、企业所得税的税务处理
☞ 熟悉企业并购后整合的策略

【要点1】 并购战略与并购动因

项目		具体内容
并购战略		并购交易双方基于各自的核心竞争优势，为实现企业发展战略目标，通过优化资源配置方式，强化核心竞争力，产生协同效应，实现新增价值（价值创造）的战略投资行为
并购动因	企业发展动机	（1）迅速实现规模扩张；（2）突破进入壁垒和规模的限制；（3）主动应对外部环境变化；（4）加强市场控制能力；（5）降低经营风险；（6）获取价值被低估的公司
	发挥协同效应	（1）经营协同。主要表现：规模经济；纵向一体化；获取市场力或垄断权；资源互补。 （2）管理协同。主要表现：节省管理费用；提高企业的运营效率；充分利用过剩的管理资源。 （3）财务协同。主要表现：企业内部现金流入更为充足，在时间分布上更为合理；企业内部资金流向更有效益的投资机会；企业资本扩大，破产风险相对降低，偿债能力和取得外部借款的能力提高；企业的筹资费用降低；实现合理避税

【要点2】企业并购类型

1. 按照并购后双方法人地位的变化情况划分。

类型	具体内容
控股合并	并购后并购双方都不解散，并购企业获取被并购企业的控制权
吸收合并	并购后并购企业存续，被并购企业解散
新设合并	并购后并购双方都解散，重新成立一个具有法人地位的企业

2. 按照并购双方行业相关性划分。

类型	具体内容
横向并购	含义：指生产经营相同（或相似）产品或生产工艺相近的企业之间的并购，实质上是竞争对手之间的合并。优点：能迅速扩大生产经营规模，节约共同费用，提高通用设备的使用效率；能在更大范围内实现专业分工协作；能统一技术标准，加强技术管理和进行技术改造；能统一销售产品和采购原材料等，形成产销的规模经济。缺点：减少了竞争对手，容易破坏竞争，形成垄断，损害公众利益，因此被政府部门严格监管

类型	具体内容
纵向并购	含义：指与企业的供应商或客户的并购，具有上下游关系的供产销产业链整合，形成纵向一体化。 优点：能扩大生产经营规模，节约通用的设备费用；能加强生产经营过程各环节间的配合，有利于协作化生产；能加速生产经营流程，缩短生产经营周期，节约运输和仓储费用，降低能源消耗水平等。缺点：企业生存发展受市场因素的影响较大，容易导致"大而全、小而全"的重复建设
混合并购	含义：指既非竞争对手又非现实中或潜在的客户或供应商企业之间的并购，实施多元化战略。包括：产品扩张性并购、市场扩张性并购、纯粹的并购。 优点：有利于经营多元化和减轻经济危机对企业产生的影响，有利于调整企业自身产业结构，增强控制市场的能力，降低经营风险。缺点：使企业的发展时时处于资源不足的硬约束之下，且因为企业间资源关联度低而导致管理成本剧增

3. 按照被并购企业意愿划分。

类型	具体内容
善意并购	含义：指并购企业事先与被收购企业协商，征得其同意并通过谈判达成并购条件，双方管理层通过协商来决定并购的具体安排，在此基础上完成并购活动的一种并购行为。 优点：有利于降低并购行为的风险和成本，避免因被并购企业抗拒带来的额外支出。 缺点：并购企业不得不牺牲自身的部分利益来换取被并购企业的合作，且漫长的协商、谈判过程可能使并购行为丧失其部分价值
敌意并购	含义：指并购企业在遭到被并购企业抗拒时仍然强行收购，或者并购企业事先没有与被并购企业进行协商，直接向被并购企业的股东开出价格或者发出收购要约的一种并购行为。 优点：并购企业完全处于主动地位，不用被动权衡各方利益，并购行动节奏快、时间短，可有效控制并购成本。 缺点：因无法获取内部资料给估值定价带来困难，招致被并购企业的抵抗或设置障碍，风险较大。容易导致股市不良波动，甚至影响企业发展的正常秩序，因此政府部门对敌意并购有一定的限制

4. 按照并购的交易形式划分。

类型	具体内容
间接收购	通过收购被并购企业大股东而获得对其的最终控制权
二级市场收购	并购企业直接在二级市场上购买被并购企业的股票并实现控制被并购企业的目的
要约收购	并购企业对被并购企业所有股东发出收购要约，以特定价格收购股东手中持有的被并购企业全部或部分股份
协议收购	并购企业直接向被并购企业提出并购要求，双方通过协商约定并购的各项条件，达到并购目的。协议收购一般是善意收购
股权拍卖收购	被并购企业原股东所持股权因涉及债务诉讼等事项进入司法拍卖程序，并购企业借机通过竞拍取得被并购企业控制权

【要点3】并购流程

流程	具体内容
（1）制定并购战略规划	明确并购动机与目的，结合企业发展战略和资源约束条件。具体包括：并购需求分析、并购目标的特征、并购方式和资金来源规划、并购风险分析等
（2）选择并购对象	包括选择并购的行业和选择目标企业
（3）发出并购意向书	申明初步并购意向，力争取得被并购企业的理解和支持。根据双方约定，部分条款可能具有法律约束力或不具有法律约束力
（4）进行尽职调查	尽调也称"谨慎性调查"。尽调内容包括四个方面：被并购企业的基本情况、财务、法务、发展前景。 尽调的目的在于核实和发现拟并购股权或资产负债的真实情况，发现风险并判断风险的性质、程度以及影响和后果。通过尽调慎防卖方欺诈，关注的风险包括：财务报告风险、资产风险、或有负债风险、环境责任风险、劳动责任风险、诉讼风险等

续表

流程	具体内容
（5）并购交易方案设计及进行价值评估	并购交易方案设计包括拟定并购标的、并购对价与支付方式、融资安排等关键并购条款。并购价值评估主要确定有关企业的价值和并购增值，为最终确定并购对价提供依据，具体包括：并购企业价值、被并购企业价值、并购后整体企业价值和并购净收益
（6）开展并购谈判	谈判涉及并购的形式、交易价格、支付方式与期限、交割时间与方式、人员处理、有关手续办理与配合、进程的安排、各方应做的工作与义务等，最终形成待批准签订的合同文本
（7）作出并购决策	并购双方就并购可行性进行决策。可行性决策的两种计算分析方法：①并购净收益；②托宾Q值。 最后并购双方形成并购决议
（8）完成并购交易	签署并购合同、支付并购对价、办理并购交割
（9）并购后整合	包括战略整合、管理整合、财务整合、人力资源整合、企业文化整合等

【要点4】并购可行性决策分析

项目	具体内容
决策分析方法	(1) 并购净收益大于0（成本效益原则）； (2) 托宾Q值小于1（性价比原则）
并购净收益计算公式	并购收益（协同收益）＝并购后整体企业价值－并购前并购企业价值－并购前被并购企业价值 并购溢价＝并购价格－并购前被并购企业价值 并购净收益＝并购收益－并购溢价－并购费用 并购费用是指并购过程中所发生的一切相关费用，包括并购过程中所发生的搜寻、策划、谈判、文本制定、资产评估、法律鉴定、公证等中介费用，发行股票还需要支付申请费、承销费和税费等
托宾Q值计算公式	托宾Q值＝目标企业的市场价值/目标企业的重组成本 目标企业的市场价值是指代表其全部权益的股权的市场价值。目标企业的重组成本是指其所有可辨认资产负债明细项目的重置价值简单加减后的净值。 托宾Q值大于1，表明并购方在内部自己投资建设同类项目更加划算。但没有考虑被并购企业可能存在的不可辨认资源和内部协同效应

【要点5】企业并购价值评估

项目	具体内容
估值的主要内容	并购企业价值、被并购企业价值、并购后整体企业价值、并购净收益
并购估值方法1：收益法	含义：通过将被评估企业预期收益资本化或折现来确定被评估企业的价值，收益法中的主要方法是现金流量折现法。 企业价值计算公式：$V = V_0 + V_L$。 其中：V_0 为预测期的现金流量现值；V_L 为预测期之后的现金流量现值，即企业永续价值。 收益法估值步骤： （1）分析历史绩效：主要是基于尽职调查分析历史会计报表，重点在于识别确认企业的关键价值驱动因素。 （2）确定预测期间：通常 5~10 年。 （3）预测未来的现金流量：（企业）自由现金流量＝（税后净营业利润＋折旧及摊销）－（资本支出＋营运资金增加额）。 税后净营业利润＝息税前利润×（1－所得税税率）

续表

项目	具体内容
并购估值方法1:收益法	息税前利润＝主营业务收入－主营业务成本－销售税金及附加－管理费用－销售费用（注意：不扣除财务费用） （4）选择合适的折现率：（加权平均资本成本计算公式）。 $$r_{WACC} = \frac{E}{E+D} \times r_e + \frac{D}{E+D} \times r_d \times (1-T)$$ 式中：r_{WACC} 为企业的加权平均资本成本；D 为企业（有息）负债的市场价值；E 为企业股权的市场价值；r_e 为股权资本成本率；r_d 为税前（有息）债务资本成本率；T 为企业所得税税率。 股权资本成本率 r_e 可采用资本资产定价模型（CAPM）计算，其计算公式： $$r_e = r_f + \beta \times (r_m - r_f)$$ 式中：r_e 为股权资本成本率；r_f 为无风险报酬率；r_m 为股权市场投资组合的预期报酬率；$(r_m - r_f)$ 为股权市场风险溢价；β 为股权市场风险系数。 无风险报酬率通常使用 5 年期或 10 年期国债利率作为无风险报酬率。 由于负债率的不同，需要对 β 系数做必要的修正。可利用哈马达方程对 β 系数进行调整，其计算公式： $$\beta_1 = \beta_0 \times [1 + D/E \times (1-T)]$$

项目	具体内容
并购估值 方法 1： 收益法	式中：β_1 为负债经营（考虑财务杠杆）的 β 系数，即股权 β 值；β_0 为无负债经营（不考虑财务杠杆）的 β 系数，即资产 β 值；T 为企业所得税税率；D 为企业（有息）负债的市场价值；E 为企业股权的市场价值。 (5) 预测期末的连续价值：（永续增长模型）。 企业终值（TV）计算公式： $$TV = \frac{FCF_{n+1}}{r_{WACC} - g} = \frac{FCF_n \times (1 + g)}{r_{WACC} - g}$$ 式中：TV 为预测期末的终值（即永续价值）；FCF_{n+1} 为计算终值那一年的自由现金流量；FCF_n 为预测期最后一年的自由现金流量；r_{WACC} 为加权平均资本成本率；g 为计算终值那一年以后的自由现金流量（永续）年复利增长率。 企业永续价值：$V_L = TV / (1 + r_{WACC})^n$ (6) 预测企业整体价值，计算公式如下： $$V = \sum_{t=1}^{n} \frac{FCF_t}{(1 + r_{WACC})^t} + \frac{TV}{(1 + r_{WACC})^n}$$ 式中：V 为企业价值；FCF_t 为确定预测期内第 t 年的自由现金流量；r_{WACC} 为加权平均资本成本率；TV 为预测期末的终值；n 为确定的预测期

项目	具体内容
并购估值方法2：市场法	(1) 可比企业分析法： ①选择可比企业：营运和财务上与被评估企业有相似特征。 ②选择及计算乘数： 基于市场价格的乘数：P/E、P/R、P/CF、P/BV； 基于企业价值的乘数：EV/EBIT、EV/EBITDA、EV/FCF； ③运用选出的众多乘数计算被评估企业的价值估计数。 被评估企业价值估计数=被评估企业调整后的财务数据×选择的对应乘数。 ④对企业价值的各个估计数加权平均。 (2) 可比交易分析法： ① 选择可比交易：与被评估企业经营业绩相似企业的最近平均实际交易价格，将其作为被评估企业价值的参照物； ② 选择和计算乘数：如支付价格收益比（并购者支付价格/税后利润）、账面价值倍数（并购者支付价格/净资产值）、市场价值倍数（并购者支付价格/股票市场价值）等； ③ 运用选出的众多乘数计算被评估企业的价值估计数； ④ 对企业价值的各个估计数进行平均

项目	具体内容
并购估值方法3：成本法	成本法也称资产基础法，需要考虑各项损耗因素，包括有形损耗、功能性损耗和经济型损耗等。 （1）账面价值法。 （2）重置成本法。 以被评估企业各单项资产的重置成本为计算依据来确认被评估企业的价值，即根据现在的价格水平购买同样资产或重建一个同样的企业所需要的资金来估算该企业的价值。运用该方法，需要对资产账面价值运用价格指数法或逐项调整法（考虑通货膨胀和技术贬值）进行适当调整。 （3）清算价格法。 通过计算被评估企业的净清算收入来确认被评估企业的价值。净清算收入是出售企业所有部门和全部固定资产所得到的收入，再扣除企业的应付债务。这一估算的基础是基于企业的不动产价值进行估算，是被评估企业的可变现价格。该方法适用于陷入困境的企业，或闲置的、可单独剥离的资产（如闲置不动产等）

【要点6】 并购融资及支付

1. 并购融资方式。

项目	具体内容
并购融资模式选择的基本原则	（1）融资成本高低；（2）融资风险大小；（3）融资方式对企业资本结构的影响；（4）融资时间长短与效率
债务融资 并购贷款	含义：指商业银行向并购企业或并购企业控股子公司发放的，用于支付并购交易价款和费用的贷款。 限制条件：并购交易价款中并购贷款所占比例不得高于60%，并购贷款期限一般不得超过7年。原则上要求借款人提供充足的能够覆盖并购贷款风险的担保。 优点：融资成本低、程序简单、发行费用低、利息可以税前抵扣、融资规模大。 缺点：提供财务经营等信息、抵押担保制约再融资能力
债券融资	债券是债务人为了筹措并购资金而向投资者发行的债务凭证。债券需要在确定的期限偿付本金和利息。相对于股权，债权具有优先偿付权。 债券类别包括：抵押债券、信用债券、无息债券、浮动利率债券、垃圾债券等

续表

项目	具体内容	
权益融资	优点：①普通股融资没有固定的股利负担；②普通股没有固定的到期日，不需要偿还股本；③利用普通股融资风险小；④普通股融资能增强企业的信誉。 缺点：①分散企业控制权；②普通股的发行成本较高；③股利需税后支付，故企业税负较重。 并购股权融资的两种交易形式：发行股权融资，用于支付并购对价；发行股权直接作为并购对价，换股并购	
混合融资	类别	常见的混合型融资工具包括：可转换债券、认股权证、优先股等
	可转换债券	优点：①灵活性较高，企业可以设计出不同收益率和转换溢价的可转换债券，寻求最佳资本结构；②可转换债券融资的收益率一般较低，大大降低了企业的融资成本；③一般可获得较为稳定的长期资本供给。 缺点：①受股价影响较大，当企业股价上涨大大高于转换价格时，发行可转换债券融资反而会使企业蒙受损失；②当股价未如预期上涨，转换无法实施时，会导致投资者对企业的信任危机，从而对未来融资造成障碍；顺利转换时，意味着企业原有控制权的稀释

续表

项目		具体内容
混合融资	认股权证	优点：①在金融紧缩时期或企业处于信用危机边缘时，可以有效地推动企业有价证券的发行；②与可转换债券一样，融资成本较低；③认股权证被行使时，原来发行的企业债券尚未收回，因此，所发行的普通股意味着新的融资，企业资本增加，可以用增资抵债。 缺点：与可转换债券融资类似
	优先股	含义：指在一般规定的普通种类股份外，另行规定的其他种类股份。 优点：①可按照交易需求嵌入个性化条款，增加交易的灵活性；②上市公司股价偏高时，采用嵌入回购条款的优先股作为支付方式，有利于交易的达成；③可避免上市公司实际控制人控制权的丧失，规避借壳上市，简化审核流程；④具备一定流动性，加大可接受度。 缺点：①优先股股利税后扣除，没有抵税好处；②支付固定优先股股利增加公司的财务风险。 上市公司已发行的优先股不得超过公司普通股股份总数的50%，且筹资金额不得超过发行前净资产的50%
其他特殊融资方式		过桥贷款、杠杆收购、卖方融资、并购基金、信托融资、资产证券化融资

2. 并购支付方式。

支付方式	具体内容
现金支付	指并购企业支付一定数量的现金，以取得被并购企业的控制权，具体包括两种形式：用现金购买资产、用现金购买股权
股权支付	指并购企业用股权换取被并购企业的资产或股权，具体包括两种形式：用股权换取资产、用股权换取股权
混合支付	指利用多种支付工具的组合达成并购交易，获取被并购企业控制权的支付方式，包括现金与股权的组合、现金与认股权证的组合、现金与优先股、现金与资产支持受益凭证的组合等
其他支付	主要包括债权转股权方式、承债方式（资不抵债）、无偿划拨方式等

【要点7】并购后整合

项目	具体内容
战略整合	内容：总体战略整合、经营战略整合、职能战略整合。 重点：坚持集中优势资源、突出核心能力及竞争优势的原则
管理整合	步骤：调查分析、移植、融合创新
财务整合	内容：（1）财务管理目标的整合；（2）会计人员及组织结构的整合；（3）会计政策及会计核算体系的整合；（4）财务管理制度体系的整合；（5）存量资产的整合；（6）资金流量的整合；（7）业绩评估考核体系的整合
人力资源整合	实施方案的要素和环节：（1）成立企业并购过渡人员；（2）稳定人力资源的政策；（3）选派适合的整合主管人员；（4）加强管理沟通；（5）必要的人事整顿；（6）建立科学的考核和激励机制
文化整合	步骤：（1）找出并购双方企业文化上的异同点；（2）找出文化整合面临的主要障碍；（3）确立企业文化发展的理想模式；（4）在继承、沟通、融合的基础上创新企业文化

续表

项目	具体内容
整合策略	四种整合策略类型： （1）完全整合。战略和组织上都完全融合。 （2）共存型整合。战略上相互依赖（干预），组织和经营资源上相对独立。 （3）保护型整合。战略和组织（及经营资源）上都相对独立，有限干预。 （4）控制型整合。战略和组织上都相对独立，最低限度的干预

学习心得

【要点8】企业并购相关的企业重组类别、支付类别与税务处理类别

项目	具体内容
与企业并购相关的企业重组类别	(1) **资产收购**。是指受让企业购买转让企业实质经营性资产的交易。受让企业支付对价的形式包括股权支付、非股权支付或两者的组合。 (2) **股权收购**。是指收购企业购买被收购企业的股权，以实现对被收购企业控制的交易。收购企业支付对价的形式包括股权支付、非股权支付或两者的组合。 (3) **合并**。是指一家或多家企业（简称"被合并企业"）将其全部资产和负债转让给另一现存或新设企业（简称"合并企业"），被合并企业股东换取合并企业的股权或非股权支付，实现两个或两个以上企业的依法合并。本节涉及的合并类型为吸收合并
支付形式	(1) **股权支付**。是指企业重组中购买、换取资产的一方支付的对价中，以本企业或其控股企业的股权、股份作为支付的形式。 (2) **非股权支付**。是指以本企业的现金、银行存款、应收款项、本企业或其控股企业股权和股份以外的有价证券、存货、固定资产、其他资产以及承担债务等作为支付的形式

续表

项目	具体内容
一般性税务处理	（1）除被认定为适用特殊性税务处理规定的特殊情形之外，均适用一般性税务处理规定。 （2）一般性税务处理与一般的资产买卖交易税务处理原则相一致，按照实际交易价格和公允价值计价，资产买卖结转交易所得或损失
特殊性税务处理	同时符合下列条件的，适用特殊性税务处理规定： （1）具有合理的商业目的，且不以减少、免除或者推迟缴纳税款为主要目的； （2）被收购、合并或分立部分的资产或股权比例符合相关规定的比例； （3）企业重组后的连续 12 个月内不改变重组资产原来的实质性经营活动； （4）重组交易对价中涉及股权支付金额符合相关规定比例（股权支付金额不低于交易支付总额的 85%）； （5）企业重组中取得股权支付的原主要股东，在重组后连续 12 个月内，不得转让所取得的股权

【要点9】 资产收购的企业所得税处理

1. 资产收购适用一般性税务处理情形。

项目	具体内容
受让企业的税务处理	（1）如果受让企业以现金作为非股权支付，受让企业不涉及确认资产转让所得或损失的问题。 （2）如果受让企业的非股权支付还包括固定资产、无形资产等非货币性资产时，受让企业应确认该等资产的转让所得或损失。确认公式： 受让企业非股权支付确认的所得或损失 = 非股权支付的公允价值 − 其计税基础 （3）受让企业取得出让企业资产计税基础的确定：由于受让企业支付的对价无论是股权支付，还是非股权支付均是按公允价值计量的，受让企业应按公允价值确定出让企业资产的计税基础
出让企业的税务处理	（1）出让企业转让资产而取得受让企业股权支付和非股权支付，出让企业应确认资产转让所得或损失。确认公式： 出让企业资产转让确认的所得或损失 = 被出让资产的公允价值 − 其计税基础 （2）出让企业取得股权支付和非股权支付计税基础的确定：由于出让企业确认了被收购资产的转让所得或损失，所以，对其取得的股权支付和非股权支付均应按公允价值确定计税基础

2. 资产收购适用特殊性税务处理情形。

项目	具体内容
受让企业的税务处理	（1）受让企业支付非股权支付涉及的所得税问题，同前面一般性税务处理规定。对资产收购方而言，非股权支付对应的资产转让所得或损失应该直接按照其公允价值减去其计税基础计算。计算公式： 受让企业非股权支付确认的所得或损失 = 非股权支付的公允价值 - 其计税基础 （2）受让企业取得转让企业资产计税基础的确定：对股权支付部分，受让企业取得转让企业资产的计税基础，以被收购资产的原有计税基础确定。对非股权支付部分，由于转让企业确认了所得，所以，受让企业取得的对应于非股权支付部分的转让企业资产的计税基础等于对应部分的转让企业资产的原计税基础加上转让企业确认的对应所得。计算公式： 收购取得的转让企业资产计税基础 = 对应股权支付的转让企业的原资产计税基础 +（对应非股权支付的转让企业原资产的计税基础 + 转让企业确认的非股权支付对应的所得）= 转让企业的原资产计税基础 + 转让企业确认的非股权支付对应的所得

续表

项目	具体内容
出让企业的税务处理	(1) 出让企业转让资产涉及的所得税处理，符合特殊性税务处理条件的资产收购重组，出让企业可暂不确认资产转让所得或损失。 (2) 如果出让企业除取得受让企业或其控股企业的股权外，还取得受让企业支付的非股权支付，出让企业应确认非股权支付对应的资产转让所得或损失。计算公式： 非股权支付对应的资产转让所得或损失 =（被转让资产的公允价值 − 被转让资产的计税基础）×（非股权支付金额/被转让资产的公允价值） 类似于企业合并重组，在适用该公式时，被转让资产应该采用"净资产"的标准进行计算。 (3) 出让企业取得股权支付和非股权支付计税基础的确定：出让企业应以其资产的原计税基础，加上非股权支付额对应的资产转让所得，减去非股权支付的公允价值，确认其计税基础。计算公式： 出让企业取得受让企业股权的计税基础 = 出让企业资产的原计税基础 + 非股权支付额对应的资产转让所得 − 非股权支付的公允价值

【要点 10】 股权收购的企业所得税处理

1. 股权收购适用一般性税务处理情形。

项目	具体内容
收购企业的税务处理	（1）收购企业非股权支付涉及的所得税处理：一般情况下，收购企业通常以现金作为非股权支付，由于现金属于非应税事项，所以收购企业不涉及确认所得或损失的问题。 （2）当收购企业的非股权支付包括固定资产、无形资产等非货币性资产时，收购企业应确认该等资产的转让所得或损失。 （3）收购企业取得被收购企业股权，收购企业应按公允价值确定被收购企业股权的计税基础
被收购企业股东的税务处理	（1）被收购企业股东转让股权而取得收购企业股权支付和非股权支付，被收购企业股东应确认股权转让所得或损失，计算公式： 被收购企业股东股权转让确认的所得或损失 = 被转让股权的公允价值 − 其计税基础 （2）由于被收购企业股东确认了股权的转让所得或损失，所以，对其取得的股权支付和非股权支付均应按公允价值确定计税基础

2. 股权收购适用特殊性税务处理情形。

项目	具体内容
收购企业的 税务处理	（1）收购企业非股权支付涉及的所得税处理，同前面一般性税务处理规定。无论是一般性税务处理还是特殊性税务处理，凡收购企业支付对价涉及非股权支付等其他非货币性资产的，均应确认其转让所得或损失。计算公式： 收购企业非股权支付确认的所得或损失＝非股权支付的公允价值－其计税基础 （2）收购企业取得被收购企业股权计税基础的确定：对股权支付部分，收购企业取得被收购企业股权的计税基础，以被收购股权的原有计税基础确定。对非股权支付部分，由于被收购企业的股东确认了所得，所以，收购企业取得的对应于非股权支付部分的被收购企业股权的计税基础等于对应部分的被收购企业股权的原计税基础加上被收购企业确认的对应所得。计算公式： 收购取得的被收购企业股权计税基础＝对应股权支付的被收购企业的原股权计税基础＋（对应非股权支付的被收购企业股权的计税基础＋收购企业确认的非股权支付对应的所得）＝被收购企业的原股权计税基础＋收购企业确认的非股权支付对应的所得

续表

项目	具体内容
被收购企业股东的税务处理	(1) 被收购企业股东转让被收购企业股权涉及的所得税处理，符合特殊性税务处理条件的股权收购重组，被收购企业股东可暂不确认股权转让所得或损失。 (2) 如果被收购企业股东除取得收购企业或其控股企业的股权外，还取得收购企业支付的非股权支付，被收购企业股东应确认非股权支付对应的股权转让所得或损失。计算公式： 非股权支付对应的资产转让所得或损失 = (被转让资产的公允价值 − 被转让资产的计税基础) × (非股权支付金额/被转让资产的公允价值) (3) 被收购企业股东取得股权支付和非股权支付计税基础的确定：符合特殊性税务处理条件的股权收购重组，在涉及非股权支付的情况下，应确认非股权支付对应的资产所得或损失，并调整相应资产的计税基础。被收购企业股东以被收购企业股权的原计税基础，加上非股权支付额对应的股权转让所得，减去非股权支付的公允价值。计算公式： 被收购企业股东取得收购企业股权的计税基础 = 被收购企业股权的原计税基础 + 非股权支付额对应的股权转让所得 − 非股权支付的公允价值

【要点 11】合并重组的企业所得税税务处理

1. 合并重组适用一般性税务处理情形。

项目	具体内容
合并企业的税务处理	合并企业取得的被合并企业的资产和负债的计税基础的确定：以被合并企业资产和负债的公允价值作为计税基础，或者以合并企业的收购成本（公允价值/对价）作为计税基础
被合并企业的税务处理	被合并企业及其股东都应按清算进行所得税处理。被合并企业在以公允价值出售/处置其资产给合并企业的交易中，被合并企业应当确认所得或损失，其金额由资产的公允价值与资产的计税基础之间的差额确定。计算公式： 被合并企业资产转让所得或损失 = 被转让资产的公允价值 − 其计税基础

2. 合并重组适用特殊性税务处理情形。

项目	具体内容
合并企业的税务处理	（1）无论是一般性税务处理还是特殊性税务处理，凡合并企业支付对价涉及非股权支付等其他非货币性资产的，均应确认其转让所得或损失。计算公式： 合并企业非股权支付确认的所得或损失＝非股权支付的公允价值－其计税基础 （2）合并企业取得转让企业资产的计税基础的计算公式： 取得的被合并企业资产计税基础＝对应股权支付的被合并企业的原资产计税基础＋（对应非股权支付的被合并企业原资产的计税基础＋被合并企业确认的非股权支付对应的所得）＝被合并企业的原资产计税基础＋被合并企业股东确认的非股权支付对应的所得
被合并企业及其股东的税务处理	（1）合并重组适用特殊性税务处理条件，涉及的股权支付部分，企业合并重组的各方并不在重组交易当期即期纳税而是递延到处置目标资产或收购公司股份时纳税。 （2）被合并企业对合并企业的股权支付部分不确认任何所得或损失。但是，如果被合并企业还同时支付了非股权支付，就该非股权支付部分仍应当在交易当期确认相应的所得或损失并相应地调整资产的计税基础。计算公式： 被合并企业确认的非股权支付对应的所得＝（被转让资产的公允价值－被转让资产的计税基础）×（非股权支付金额/被转让资产的公允价值）

续表

项目	具体内容
被合并企业及其股东的税务处理	(3) 在被合并企业向其股东分配合并企业支付的对价并回购其自身股份的过程中，被合并企业的股东不确认任何收益或损失，被合并企业的股东应以其持有的被合并企业股权的原计税基础，加上非股权支付额对应的资产转让所得减去非股权支付的公允价值。确定公式： 被合并企业股东取得合并企业股权的计税基础＝被合并企业股东持有的被合并企业股权的原计税基础＋非股权支付额对应的资产转让所得－非股权支付的公允价值

学习心得

【要点12】 企业并购中的个人所得税、土地增值税、印花税处理

项目	具体内容
个人所得税	（1）个人取得股权转让收入、违约金、补偿金、赔偿金及其他名目收回的款项等，均属于个人所得税应税收入，应按照"财产转让所得"项目适用的规定计算缴纳个人所得税。应纳税所得额的计算公式： 应纳税所得额 = 个人取得的股权转让收入、违约金、补偿金、赔偿金及其他名目收回款项合计数 − 原实际出资额（投入额）及相关税费 应纳税额 = 应纳税所得额 × 20% （2）股权转让收入应当按照公平交易原则确定。在特定情况下，主管税务机关可以核定股权转让收入
土地增值税	（1）股权转让或收购并不属于土地增值税的征收范围。 （2）两个或两个以上企业合并为一个企业，且原企业投资主体存续的，对原企业将房地产转移、变更到合并后的企业，暂不征收土地增值税。上述改制重组有关土地增值税政策不适用于房地产转移任意一方为房地产开发企业的情形。 （3）资产收购中，转让企业转让资产中涉及的不动产转让，属于有偿转让不动产的行为，应征收土地增值税。

项目	具体内容
土地增值税	（4）土地增值税按照纳税人转让房地产所取得的增值额和规定的税率计算征收。土地增值税的计算公式： （土地增值税）应纳税额 = $\sum$（每级距的土地增值额 × 适用税率）
印花税	（1）以合并或分立方式成立的新企业，其新启用的资金账簿记载的资金，凡原已贴花的部分不再贴花，未贴花的部分和以后新增加的资金按规定贴花。 （2）企业债权转股权新增加的资金按规定贴花。 （3）企业因改制签订的产权转移书据免予贴花。 （4）企业改制前签订但尚未履行完的各类应税合同，改制后需要变更执行主体的，对仅改变执行主体、其余条款未作变动且改制前已贴花的，不再贴花

【要点13】企业合并（业务与控制权）的判断

项目	具体内容
企业合并	（1）企业合并，是指将两个或两个以上单独的企业（主体）合并形成一个报告主体的交易或事项。企业合并的结果通常是一个企业取得了对一个或多个业务的控制权。 （2）判断是否构成企业合并需要同时符合两个判定标准： ① 被购买方是否构成业务；② 交易发生前后是否涉及对标的业务控制权的转移
业务	（1）业务，是指企业内部某些生产经营活动或资产负债的组合，该组合具有投入、加工处理过程和产出能力，能够独立计算其成本费用或所产生的收入等，目的在于为投资者提供股利、降低成本或带来其他经济利益。 （2）如果一个企业取得了对另一个或多个企业的控制权，而被购买方（或被合并方）并不构成业务，则该交易或事项不形成企业合并。 （3）合并方在合并中取得的组合应当至少同时具有一项投入和一项实质性加工处理过程，且二者相结合对产出能力有显著贡献，该组合才构成业务。合并方在合并中取得的组合是否具有实际产出并不是判断其构成业务的必要条件

续表

项目	具体内容
控制权转移	（1）是否形成企业合并，除要看取得的资产或资产、负债组合是否构成业务之外，还要看有关并购交易或事项发生前后，是否引起报告主体的变化。报告主体的变化产生于控制权的变化。 （2）在交易事项发生以后，投资方拥有对被投资方的权力，通过参与被投资方的相关活动享有可变回报，且有能力运用对被投资方的权力影响其回报金额的，投资方对被投资方具有控制权，形成母子公司关系，则涉及控制权的转移，该交易或事项发生以后，子公司需要纳入母公司合并财务报表的范围中，从合并财务报告角度形成报告主体的变化；交易事项发生以后，一方能够控制另一方的全部净资产，被合并的企业在合并后失去其法人资格，也涉及控制权及报告主体的变化，形成企业合并

【要点 14】企业合并方式与企业合并类型的划分与判断

1. 企业合并方式划分。

项目	具体内容
控股合并	（1）控股合并，是指合并方（或购买方）通过企业合并交易或事项取得对被合并方（或被购买方）的控制权，企业合并后能够通过所取得的股权等主导被合并方的生产经营决策并自被合并方的生产经营活动中获益，被合并方在企业合并后仍维持其独立法人资格继续经营。 （2）发生控股合并，被合并方应当纳入合并方合并财务报表的编制范围，从合并财务报告角度，形成报告主体的变化
吸收合并	（1）吸收合并，是指合并方在企业合并中取得被合并方的全部净资产，并将有关资产、负债并入合并方自身生产经营活动中。企业合并完成后，注销被合并方的法人资格，由合并方持有合并中取得的被合并方的资产、负债，在新的基础上继续经营。 （2）发生吸收合并，因被合并方在合并发生以后被注销，从合并方的角度需要解决的问题是，其在合并日（或购买日）取得的被合并方有关资产、负债入账价值的确定，以及为了进行企业合并支付的对价与所取得被合并方资产、负债的入账价值之间差额的处理。企业合并继续期间，合并方应将企业合并中取得的资产、负债作为本企业的资产、负债核算

续表

项目	具体内容
新设合并	新设合并，是指参与合并的各方在企业合并后法人资格均被注销，重新注册成立一家新的企业，由新注册成立的企业持有参与合并各企业的资产、负债，在新的基础上经营

2. 企业合并（会计）类型划分与判断。

项目	具体内容
同一控制下的企业合并	同一控制下的企业合并是指参与合并的企业在合并前后均受同一方或相同的多方最终控制且该控制并非是暂时性的。 （1）能够对参与合并各方在合并前后实施最终控制的一方通常指企业集团的母公司。同一控制下的企业合并一般发生于企业集团内部。 （2）能够对参与合并的企业在合并前后均实施最终控制的相同多方，是指根据合同或协议的约定，拥有最终决定参与合并企业的财务和经营政策，并从中获取利益的投资者群体。

续表

项目	具体内容
同一控制下的企业合并	（3）实施控制的时间性要求，是指参与合并各方在合并前后较长时间内为最终控制方所控制。具体是指在企业合并之前（即合并日之前），参与合并各方在最终控制方的控制时间一般在1年以上（含1年），企业合并后所形成的报告主体在最终控制方的控制时间也在1年以上（含1年）。 （4）企业之间的合并是否属于同一控制下的企业合并，应综合考虑企业合并交易的各方面情况，按照实质重于形式的原则进行判断。通常情况下，同一控制下的企业合并是指发生在同一企业集团内部企业之间的合并
非同一控制下的企业合并	非同一控制下的企业合并，是指参与合并各方在合并前后不受同一方或相同的多方最终控制的合并交易，即除同一控制下企业合并的情况以外其他的企业合并

【要点 15】 同一控制下的企业合并的会计处理 （权益结合法）

项目	具体内容
同控合并的会计核算方法	同一控制下企业合并会计处理的基本原则是权益结合法。同控合并采用权益结合法核算，将企业合并看作两个或多个参与合并企业权益的重新整合，由于最终控制方的存在，从最终控制方的角度，该类企业合并并不会造成企业集团整体经济利益的流入和流出，最终控制方在合并前后实际控制的经济资源并没有发生变化，有关交易事项不作为出售或购买
同控合并的核算细则	（1） 合并方在合并中确认取得的被合并方的资产、负债仅限于被合并方账面上原已确认的资产和负债，合并中不产生新的资产和负债。 （2） 合并方在合并中取得的被合并方各项资产、负债应维持其在被合并方的原账面价值不变。 （3） 合并方在合并中取得的净资产的入账价值与为进行企业合并支付的对价账面价值之间的差额，应当调整所有者权益相关项目，不计入企业合并当期损益。 （4） 对于同控下的控股合并，应视同合并后形成的报告主体自最终控制方开始实施控制时一直是一体化存续下来的，体现在其合并财务报表上，即由合并后形成的母子公司构成的报告主体，无论是其资产规模还是其经营成果都应持续计算。

续表

项目	具体内容
同控合并的核算细则	编制合并财务报表时，无论该项合并发生在报告期的任一时点，合并利润表、合并现金流量表均反映的是由母子公司构成的报告主体自合并当期期初至合并日实现的损益及现金流量情况，相应地，合并资产负债表的留存收益项目，应当反映母子公司如果一直作为一个整体运行至合并日应实现的盈余公积和未分配利润的情况。 在合并当期编制合并财务报表时，应当对合并资产负债表的期初数进行调整，同时应当对比较报表的相关项目进行调整，视同合并后的报告主体在以前期间一直存在。 （5）对于同控合并，在被合并方是最终控制方以前年度从第三方收购来的情况下，合并方编制财务报表时，应以被合并方的资产、负债（包括最终控制方收购被合并方而形成的商誉）在最终控制方财务报表中的账面价值为基础，进行相关会计处理。合并方的财务报表比较数据追溯调整的期间应不早于双方处于最终控制方的控制之下孰晚的时间。 （6）同控合并发生的直接交易费用，直接费用化计入当期损益

【要点16】非同一控制下的企业合并的会计处理（购买法）

项目	具体内容
非同控合并的会计核算方法	非同控合并的会计处理的基本原则是购买法，将企业合并视为购买企业以一定的价款购进被购买企业的资产项目，同时承担该企业的所有负债的行为，从而按合并时的公允价值计量被购买企业的净资产，将投资成本（购买价格）超过净资产公允价值的差额确认为商誉
确定购买方	（1）购买方是指在企业合并中取得对另一方或多方控制权的一方。确定购买方，应考虑企业合并合同、协议以及其他相关因素，应考虑所有相关的事实和情况。 （2）合并中一方取得了另一方半数以上有表决权股份的。除非有明确的证据表明不能形成控制，一般认为取得另一方半数以上表决权股份的一方为购买方。 （3）某些情况下，即使一方没有取得另一方半数以上有表决权股份，但存在以下情况时，一般也可以认为其获得了对另一方的控制权： ① 通过与其他投资者签订协议，实质上拥有被购买企业半数以上表决权； ② 按照章程或协议等的规定，具有主导被购买企业财务和经营决策的权力； ③ 有权任免被购买企业董事会或类似权力机构多数成员； ④ 在被购买企业董事会或类似权力机构中具有多数投票权

项目	具体内容
确定购买日	购买日是购买方获得对被购买方控制权的日期，即企业合并交易进行过程中，发生控制权转移的日期。确定购买日的基本原则是控制权转移的时点。应当结合合并合同或协议的约定及其他有关的影响因素，按照实质重于形式的原则进行判断。 同时满足了以下条件时，一般可认为实现了控制权的转移，形成购买日。有关的条件包括： （1）企业合并合同或协议已获股东大会等内部权力机构通过； （2）按照规定，合并事项需要经过国家有关主管部门审批的，已获得相关部门的批准； （3）参与合并各方已办理了必要的财产权交接手续； （4）购买方已支付了购买价款的大部分（一般应超过50%），并且有能力、有计划支付剩余款项； （5）购买方实际上已经控制了被购买方的财务和经营政策，享有相应的收益并承担相应的风险

续表

项目	具体内容
确定企业合并成本	（1）企业合并成本包括购买方为进行企业合并支付的现金或非现金资产、发行或承担的债务、发行的权益性证券等在购买日的公允价值之和。 （2）购买方为企业合并发生的审计、法律服务、评估咨询等中介费用以及其他相关管理费用，应当于发生时计入当期损益；购买方作为合并对价发行的权益性证券或债务性证券的交易费用，应当计入权益性证券或债务性证券的初始确认金额。 （3）当企业合并合同或协议中约定了根据未来或有事项的发生而对合并成本进行调整时，符合或有事项会计准则相关规定的确认条件的，应作为企业合并成本的一部分
企业合并成本在取得的可辨认资产和负债之间的分配	（1）购买方在企业合并中取得的被购买方各项可辨认资产和负债，要作为购买方的资产、负债（或合并财务报表中的资产、负债）进行确认，在购买日，应当满足资产、负债的确认条件。 （2）购买方在企业合并中取得的被购买方的各项可辨认资产和负债按购买日的公允价值计量。

续表

项目	具体内容
企业合并成本在取得的可辨认资产和负债之间的分配	（3）对于被购买方在企业合并之前已经确认的商誉和递延所得税项目，购买方对企业合并成本进行分配、确认合并中取得可辨认资产和负债时不应予以考虑。在按照规定确定了合并中应予确认的各项可辨认资产、负债的公允价值后，其计税基础与账面价值不同形成暂时性差异的，应当按照所得税会计准则相关规定确认相应的递延所得税资产或递延所得税负债
企业合并成本与合并中取得的被购买方可辨认净资产公允价值份额之间差额的处理	（1）企业合并成本大于合并中取得的被购买方可辨认净资产公允价值份额的差额，应确认为商誉。视企业合并方式不同，控股合并情况下，该差额是指合并财务报表中应列示的商誉；吸收合并情况下，该差额是购买方在其账簿及个别财务报表中应确认的商誉。 商誉在确认以后，持有期间不要求摊销，但应当按照资产减值会计准则的相关规定对其进行减值测试，对于可收回金额低于账面价值的部分，计提减值准备。 （2）企业合并成本小于合并中取得的被购买方可辨认净资产公允价值份额的差额，应计入合并当期损益。

续表

项目	具体内容
企业合并成本与合并中取得的被购买方可辨认净资产公允价值份额之间差额的处理	在该种情况下，要对合并中取得的资产、负债的公允价值、作为合并对价的非现金资产或发行的权益性证券等的公允价值进行复核，复核结果表明所确定的各项可辨认资产和负债的公允价值确定是恰当的，应将企业合并成本低于取得的被购买方可辨认净资产公允价值份额之间的差额，计入合并当期的营业外收入，并在财务报表附注中予以说明。 在吸收合并的情况下，上述企业合并成本小于合并中取得的被购买方可辨认净资产公允价值的差额，应计入合并当期购买方的个别利润表；在控股合并的情况下，上述差额应体现在合并当期的合并利润表中
企业合并成本或合并中取得的可辨认资产、负债公允价值的调整	（1）非同控合并按照购买法核算，基本原则是公允价值计量，无论是作为合并对价付出的各项资产的公允价值，还是合并中取得被购买方各项可辨认资产、负债的公允价值，如果在购买日或合并当期期末，因各种因素影响无法合理确定的，合并当期期末，购买方应以暂时确定的价值为基础进行核算。 （2）购买日后12个月内对有关价值量的调整。合并当期期末，对合并成本或合并中取得的可辨认资产、负债以暂时确定的价值对企业合并进行处理的情况下，自购买日起12个月内取得进一步的信息表明需对原暂时确定的企业。

续表

项目	具体内容
企业合并成本或合并中取得的可辨认资产、负债公允价值的调整	合并成本或所取得的可辨认资产、负债的暂时性价值进行调整的，应视同在购买日发生，进行追溯调整，同时对以暂时性价值为基础提供的比较报表信息，也应进行相关调整。 （3）超过规定期限后的价值量调整。自购买日起 12 个月以后对企业合并成本或合并中取得的可辨认资产、负债价值的调整，应当按照会计政策、会计估计变更和会计差错更正会计准则的相关规定进行处理，即对于企业合并成本、合并中取得可辨认资产、负债公允价值等进行的调整，应作为前期差错处理
购买日合并财务报表的编制	（1）非同控控股合并中，购买方应于购买日编制合并资产负债表，反映其于购买日开始能够控制的经济资源情况。在合并资产负债表中，合并中取得的被购买方各项可辨认资产、负债应以其在购买日的公允价值计量。 （2）长期股权投资的成本大于合并中取得的被购买方可辨认净资产公允价值份额的差额，体现为合并财务报表中的商誉。 （3）长期股权投资的成本小于合并中取得的被购买方可辨认净资产公允价值份额的差额，应计入合并当期损益，因购买日不需要编制合并利润表，该差额体现在合并资产负债表上，应调整合并资产负债表的盈余公积和未分配利润

第八章　企业合并财务报表

☞ 掌握以"控制"为基础，确定合并范围

☞ 掌握纳入合并范围的特殊情况——对被投资方可分割部分的控制

☞ 掌握合并范围的豁免——投资性主体

☞ 掌握控制的持续评估

☞ 熟悉合并财务报表的编制原则

☞ 熟悉合并财务报表编制的前期准备事项

☞ 熟悉合并财务报表的编制程序

【要点1】以"控制"为基础，确定合并范围

（1）合并财务报表的概念、控制的定义、控制的三要素。

项目	相关规定
合并财务报表的概念	合并财务报表是指反映母公司和其全部子公司形成的企业集团整体财务状况、经营成果和现金流量的财务报表
控制的定义	合并财务报表的首要问题是确定合并范围，企业应该以"控制"为基础，确定合并范围。控制是指投资方拥有对被投资方的权力，通过参与被投资方的相关活动而享有可变回报，并且有能力运用对被投资方的权力影响其回报金额
控制的三要素	①投资方拥有对被投资方的权力。②投资方因参与被投资方的相关活动而享有可变回报。③投资方有能力运用对被投资方的权力影响其回报金额。在判断投资方是否能够控制被投资方时，当且仅当投资方同时具备上述三个要素时，才能表明投资方能够控制被投资方

（2）投资方拥有对被投资方的权力。

①识别与评估被投资方的设立目的。

项目	相关规定
识别目的	认识与评估被投资方的设立目的，是为了识别被投资方的相关活动，相关活动的决策机制，谁具有主导这些活动的现时能力，以及谁获得了这些活动的回报
控制是否由表决权确定	按照表决权是否是判断控制的决定因素，被投资方的设计安排有两种情况：表决权 { 一般情况→持有多数表决权的投资方能够控制被投资方　特殊情况→表决权不是确定谁控制被投资方的决定性因素（其他合同安排）}

②识别被投资方的相关活动以及如何对相关活动作出决策。

项目	相关规定
被投资方的相关活动	这里的"相关活动"是指对被投资方的回报产生重大影响的活动。对许多企业而言,经营和财务活动通常对其回报产生重大影响。识别被投资方相关活动的目的是确定投资方对被投资方是否拥有权力。相关活动包括但不限于下列活动:商品或劳务的销售和购买;金融资产的管理;资产的购买和处置;研究与开发活动;融资活动等
相关活动的决策机制	投资方对被投资方是否拥有权力,不仅取决于被投资方的相关活动,而且还取决于相关活动的决策机制。决策机制分两种情况: 决策机制 { 一般情况→企业权利机构:股东大会、董事会 特殊情况→合同约定的其他主体(如管委会、普通合伙人、投资管理公司) 当出现两个或者两个以上投资方分别享有能够单方面主导被投资方不同相关活动的现时权利的情况时,其决策方式为由能够主导对被投资方回报产生最重大影响活动的一方拥有对被投资方的权力,此时,通常需要考虑以下四个因素:①被投资方的设立目的。②影响被投资方利润率、营业收入和企业价值的决定因素。③每一投资方有关上述因素的决策职权范围及其对被投资方回报的影响程度。④投资方承担可变回报风险的大小

③评估投资方享有的权力是否使其目前有能力主导被投资方的相关活动。

a. 权利与权力。

项目	相关规定
权利	权利是一个法律概念，是法律赋予权利主体作为或者不作为的保障，分为实质性权利和保障性权利： ①实质性权利：实质性权利是指持有人在对相关活动进行决策时有实际能力行使的可执行权利。应注意三个问题： 第一，判断一项权利是否为实质性权利，应当综合考虑所有相关因素，包括权利持有人行使该项权利是否存在财务、价格、条款、机制、信息、运营和法律、法规等方面的障碍；当权利由多方持有或者行使需要多方同意时，是否存在实际可行的机制使得这些权利持有人在其愿意的情况下能够一致行权；权利持有人能否从行权中获利等。 第二，投资方享有现时权利使其目前有能力主导被投资方的相关活动，而不论其是否实际行使该权利，视为投资方拥有对被投资方的权力。

续表

项目	相关规定
权利	第三，在某些情况下，其他方享有的实质性权利有可能会阻止投资方对被投资方的控制。这种实质性权利既包括提出议案以供决策的主动性权利，也包括对已提出议案作出决策的被动性权利。 ②保障性权利：保护性权利是指仅为了保护权利持有人利益却没有赋予持有人对相关活动决策权的一项权利（如贷款协议中，如果贷款人违约使用资金，银行有权利收回贷款）。仅享有保护性权利的投资方不拥有对被投资方的权利
权力	权力是一个政治概念，是有权支配他人的强制之力
权利与权力的关系	①权力源于权利，但是有些权利不一定产生权力，如少数股东对被投资方也享有收益分享的权利，但不产生对被投资方的权力。 ②评估投资方享有的权力需要区分投资方及其他方享有的是实质性权利还是保护性权利，应当仅考虑与被投资方相关的实质性权利，包括自身所享有的实质性权利以及其他方所享有的实质性权利

b. 投资方对被投资方拥有权力的情况。

表决权	一般情况	特殊情况
持有表决权半数以上（如持股比例＞50%）	持有被投资方过半数表决权的投资方拥有对被投资方的权力，包括四种情况：投资方直接拥有其半数以上表决权资本；母公司间接拥有其半数以上表决权资本；母公司直接和间接拥有其半数以上表决权资本；多层控股与交叉持股	持有被投资方过半数表决权但不拥有对被投资方的权力。包括： 第一，存在其他安排赋予被投资方的其他投资方拥有对被投资方的权力。比如：直接指定某投资方控制被投资方。 第二，投资方拥有的表决权不是实质性权利。比如，被投资方被政府接管

表决权	一般情况	特殊情况
投资方持有被投资方半数或以下的表决权（如持股比例≤50%）	投资方持有被投资方半数或以下的表决权，不拥有对被投资方的权力	通过与其他表决权持有人之间的协议能够控制半数以上表决权： ①投资方持有的表决权相对于其他投资方持有的表决权份额的大小，以及其他投资方持有表决权的分散程度。比如，甲公司持有乙公司35%的表决权，第二大股东持有1%的表决权，其余更少。 ②投资方和其他投资方持有的被投资方的潜在表决权，如可转换公司债券、可执行认股权证等。比如，甲公司持有乙公司25%股权和持有乙公司可转债，假如甲公司将可转债转为股份，则持有70%的表决权。 ③其他合同安排产生的权利。比如，合同安排赋予投资方能够聘任被投资方董事会多数成员。 ④被投资方以往的表决权行使情况等其他相关事实和情况。比如，投资方与被投资方之间存在某种特殊关系。 ⑤权力来自表决权之外的其他权利（权力来自合同安排）。比如，合同安排指定甲资产管理公司控制证券化产品、资产支持融资工具、部分投资基金等结构化主体

（3）投资方因参与被投资方的相关活动而享有的可变回报。

项目	相关规定
回报模式	判断投资方是否控制被投资方的第二项基本要素为因参与被投资方的相关活动而享有可变动回报（回报模式）
可变回报表现形式	（1）股利、被投资方经济利益的其他分配（如被投资方发行的债务工具产生的利息）、投资方对被投资方投资的价值变动。 （2）因向被投资方的资产或负债提供服务而得到的报酬、因提供信用支持或流动性支持收取的费用或承担的损失、被投资方清算时在其剩余净资产中所享有的权益、税务利益，以及因涉入被投资方而获得的未来流动性。 （3）其他利益持有无法得到的回报。例如，投资方将自身资产与被投资方的资产一并使用，以实现规模经济，达到节约成本、为稀缺产品提供资源、获得专有技术或限制某些运营或资产的目的，从而提高投资方其他资产的价值

（4）投资方有能力运用对被投资方的权力影响其回报金额。

①投资方的代理人。

因素	相关规定
决策者对被投资方的决策权范围	在评估决策权范围时，投资方应考虑相关协议或法规允许决策者决策的活动，以及决策者对这些活动进行决策时的自主程度。允许决策者（如资产管理者）主导被投资方相关活动的决策权范围越广，越能表明决策者拥有权力，但并不意味着该决策者一定是主要责任人
其他方享有的实质性权利	其他方享有的实质性权利可能会影响决策者主导被投资方相关活动的能力。其他方持有实质性罢免权或其他权利并不一定表明决策者是代理人。存在单独一方拥有实质性罢免权并能够无理由罢免决策者的事实，足以表明决策者是代理人。在罢免决策者时需要联合起来行使罢免权的各方的数量越多，决策者的其他经济利益（即薪酬和其他利益）的比重和可变动性越强，则其他方所持有的权利在判断决策者是否是代理人时的权重就越轻

续表

因素	相关规定
决策者的薪酬水平	相对于被投资方活动的预期回报，决策者薪酬的比重（量级）和可变动性越大，决策者越有可能不是代理人。当同时满足下列两项时，决策者有可能是代理人：一是决策者的薪酬与其所提供的服务相称；二是薪酬协议只包括在公平交易基础上有关类似服务和技能水平商定的安排中常见的条款、条件或金额。决策者不能同时满足上述两个条件的，不可能是代理人
决策者因持有被投资方的其他利益而承担可变回报的风险	若决策者持有被投资方其他利益，表明该决策者可能是主要责任人。对于在被投资方持有其他利益（如对被投资方进行投资或提供被投资方业绩担保）的决策者，在判断其是否为代理人时，应评估决策者因该利益所面临的可变回报的风险。在实际评估时，决策者应考虑：第一，决策者享有的经济利益（包括薪酬和其他利益）的比重和可变动性。决策者享有的经济利益的比重和可变动性越大，该决策者越有可能是主要责任人。第二，决策者面临的可变回报风险是否与其他投资方不同；如果是，这些不同是否会影响其行为。例如，决策者持有次级权益，或向被投资方提供其他形式的信用增级，这表明决策者可能是主要责任人

②实质代理人。

项目	相关规定
实质代理人的含义	在判断控制时，投资方应当考虑与所有其他方之间的关系、他们是否代表投资方行动（即识别投资方的实质代理人），以及其他方之间、其他方与投资方之间如何互动。当投资方（或有能力主导投资方活动的其他方）能够主导某一方代表其行动时，被主导方为投资方的实质代理人。在这种情况下，投资方在判断是否控制被投资方时，应将其实质代理人的决策权以及通过实质代理人而间接承担（或享有）的可变回报风险（或权利）与其自身的权利一并考虑
实质代理人的表现形式	根据各方的关系表明，一方可能是投资方的实质代理人的情况包括但不限于：a. 投资方的关联方。b. 因投资方出资或提供贷款而取得在被投资方中权益的一方。c. 未经投资方同意，不得出售、转让或抵押其持有的被投资方权益的一方（不包括此项限制系通过投资方和其他非关联方之间自愿协商同意的情形）。d. 没有投资方的财务支持难以获得资金支持其经营的一方。e. 被投资方权力机构的多数成员或关键管理人员与投资方权力机构的多数成员或关键管理人员相同。f. 与投资方具有紧密业务往来的一方，如专业服务的提供者与其中一家重要客户的关系

【要点2】纳入合并范围的特殊情况——对被投资方可分割部分的控制

情况	相关规定
一般情况	投资方通常应当对是否控制被投资方整体进行判断
特殊情况	少数情况下，如果有确凿证据表明同时满足下列条件并且符合相关法律法规规定的，投资方应当将被投资方的一部分视为被投资方可分割的部分，进而判断是否控制该部分：（1）该部分的资产是偿付该部分负债或该部分其他利益方的唯一来源，不能用于偿还该部分以外的被投资方的其他负债；（2）除与该部分相关的各方外，其他方不享有与该部分资产相关的权利，也不享有与该部分资产剩余现金流量相关的权利

【要点3】合并范围的豁免——投资性主体

（1）豁免规定、投资性主体的定义。

合并范围的豁免和投资性主体的定义

项目	相关规定
豁免规定	母公司应当将其全部子公司（包括母公司所控制的被投资单位可分割部分、结构化主体）纳入合并范围。但是，如果母公司是投资性主体，则只应将那些为投资性主体的投资活动提供相关服务的子公司纳入合并范围，其他子公司不应予以合并，母公司对其他子公司的投资应当按照公允价值计量且其变动计入当期损益。 一个投资性主体的母公司如果其本身不是投资性主体，则应当将其控制的全部主体，包括投资性主体以及通过投资性主体间接控制的主体，纳入合并财务报表范围

续表

项目	相关规定
投资性主体的定义	**当母公司同时满足以下三个条件时，该母公司属于投资性主体**：①该公司是以向投资者提供投资管理服务为目的，从一个或多个投资者处获取资金。②该公司的唯一经营目的，是通过资本增值、投资收益或两者兼有而让投资者获得回报。③该公司按照公允价值对几乎所有投资的业绩进行考量和评价

（2）投资性主体的特征。

特征	相关内容
拥有一个投资者	一个投资性主体通常会同时持有多项投资以分散风险和最大化回报。如果某项投资要求较高的最低出资额，单个投资方很难进行如此高额的投资时，可能设立投资性主体用于募集多个投资方的资金进行集中投资

续表

特征	相关内容
拥有一个以上投资者	投资性主体通常拥有多个投资者，拥有多个投资者使投资性主体或其所在企业集团中的其他企业获取除资本增值、投资收益以外的收益的可能性减小。当主体刚刚设立、正在积极识别合格投资者，或者原持有的权益已经赎回、正在寻找新的投资者，或者处于清算过程中，即使主体仅拥有一个投资者，该主体仍可能符合投资性主体的定义。还有一些特殊的投资性主体，其投资者只有一个，但其目的是代表或支持一个较大投资者团体的利益而设立的。例如，某企业设立一只年度基金，其目的是支持该企业职工退休后福利，该基金的投资者虽然只有一个，但却代表了一个较大的投资者团体的利益，仍然属于投资性主体
投资者不是该主体的关联方	投资性主体通常拥有若干个投资者，这些投资者既不是其关联方，也不是所在企业集团中的其他成员，这一情况使得投资性主体或其所在企业集团中的其他成员获取除资本增值和投资收益以外的收益的可能性减小。但是，关联投资者的存在并非表明该主体一定不是投资性主体。例如，某个基金的投资方之一可能是该基金的关键管理人员出资设立的企业，其目的是更好地激励基金的关键管理人员，这种安排并不影响该基金符合投资性主体的定义

续表

特征	相关内容
其所有者权益以股权或类似权益方式存在	投资性主体通常是单独的法律主体，但没有要求投资性主体必须是单独的法律主体。但无论其采取何种形式，其所有者权益通常采取股权或者类似权益的形式（例如合伙权益），且净资产按照所有者权益比例份额享有

（3）投资性主体的转换。

转换	会计处理
母公司由非投资性主体转变为投资性主体	当母公司由非投资性主体转变为投资性主体时，除仅将为其投资活动提供相关服务的子公司纳入合并财务报表范围编制合并财务报表外，企业自转变日起对其他子公司不再予以合并，其会计处理参照部分处置子公司股权但不丧失控制权的处理原则：终止确认与其他子公司相关资产（包括商誉）及负债

续表

转换	会计处理
母公司由非投资性主体转变为投资性主体	的账面价值，以及其他子公司相关少数股东权益（包括属于少数股东的其他综合收益）的账面价值，并按照对该子公司的投资在转变日的公允价值确认一项以公允价值计量且其变动计入当期损益的金融资产，同时将对该子公司的投资在转变日的公允价值作为处置价款，其与当日合并财务报表中该子公司净资产（资产、负债及相关商誉之和，扣除少数股东权益）的账面价值之间的差额，调整资本公积（资本溢价或股本溢价），资本公积不足冲减的，调整留存收益
母公司由投资性主体转变为非投资性主体	当母公司由投资性主体转变为非投资性主体时，应将未纳入合并财务报表范围的子公司于转变日纳入合并财务报表范围，原来纳入合并财务报表范围的子公司在转变日的公允价值视同为购买的交易对价，按照非同一控制下企业合并的会计处理方法进行会计处理

【要点4】合并财务报表的编制原则

原则	相关规定
以个别财务报表为基础编制	合并财务报表是利用母公司和子公司编制的反映各自财务状况和经营成果的财务报表提供的数据，通过合并财务报表的特有方法进行编制
一体性原则	合并财务报表反映的是母公司和其全部子公司形成的企业集团整体的财务状况、经营成果和现金流量。在编制合并财务报表时，对于母公司与子公司、子公司相互之间发生的经济业务，应当视同同一会计主体内部业务处理，抵销内部交易
重要性原则	在编制合并财务报表时，必须特别强调重要性原则的运用。对于重要的内部交易应该抵销，不重要的可以不抵销

【要点5】 合并财务报表编制的前期准备事项

前期准备事项	相关规定
获取编制合并财务报表所需要的相关资料	在编制合并财务报表前应向子公司获取所需的相关资料包括：（1）子公司相应期间的财务报表；（2）采用的与母公司不一致的会计政策及其影响金额；（3）与母公司不一致的会计期间的说明；（4）与母公司、其他子公司之间发生的所有内部交易的相关资料，包括但不限于内部购销交易、债权债务、投资及其产生的现金流量和未实现内部销售损益的期初、期末余额及变动情况等资料；（5）子公司所有者权益变动和利润分配的有关资料；（6）编制合并财务报表所需要的其他资料
统一母子公司的资产负债表日及会计期间	为了编制合并财务报表，必须统一企业集团内母公司和所有子公司的资产负债表日和会计期间，使子公司的资产负债表日和会计期间与母公司的资产负债表日和会计期间保持一致，以便于子公司提供相同资产负债表日和会计期间的财务报表

续表

前期准备事项	相关规定
统一货币计量单位	对母公司和子公司的财务报表进行合并，其前提必须是母子公司个别财务报表所采用的货币计量单位一致。在将境外经营纳入合并范围时，应将境外子公司外币报表折算为母公司币种一致的报表
统一会计政策	母公司应当统一子公司所采用的会计政策，使子公司采用的会计政策与母公司保持一致。当子公司采用的会计政策与母公司不一致时，在编制合并财务报表前，应当将子公司的个别财务报表按照母公司的会计政策进行必要的调整。 中国境内企业设在境外的子公司在境外发生的交易或事项，因受法律法规限制等境内不存在或交易不常见的、我国企业会计准则未作出规范的，可以将境外子公司已经进行的会计处理结果，在符合基本准则的原则下，按照国际财务报告准则进行调整后，并入境内母公司合并财务报表的相关项目

【要点6】 合并财务报表编制的基本程序

程序	具体内容
编制合并工作底稿	合并工作底稿是编制合并财务报表的基础。在合并工作底稿中，对母公司和子公司的个别财务报表各项目的金额进行汇总和抵销处理，最终计算得出合并财务报表各项目的合并金额
将个别财务报表的数据过入合并工作底稿	将母公司和纳入合并范围的子公司的个别资产负债表、个别利润表、个别现金流量表及个别所有者权益变动表各项目的数据过入合并工作底稿的相应栏目，并在合并工作底稿中对母公司和子公司个别财务报表各项目的数据进行加总，计算得出个别资产负债表、个别利润表、个别现金流量表及个别所有者权益变动表各项目合计数额

程序	具体内容
编制调整分录和抵销分录	（1）编制调整分录：先调整子公司报表，再调整母公司报表。①调整子公司报表时，对于直接投资及同一控制下企业合并中取得的子公司，其采用的会计政策、会计期间与母公司不一致的情况下，按照母公司的会计政策和会计期间，对子公司的个别财务报表进行调整。对于非同一控制下企业合并中取得的子公司，除应考虑会计政策及会计期间的差别，需要对子公司的个别财务报表进行调整外，还应当根据母公司在购买日设置的备查簿中登记的该子公司有关可辨认资产、负债的公允价值，对子公司的个别财务报表进行调整，使子公司的个别财务报表反映为在购买日公允价值基础上确定的可辨认资产、负债等在本期资产负债表日应有的金额。②对母公司报表的调整包括对子公司长期股权投资的调整和对合营、联营企业内部交易的调整。 （2）编制抵销分录：将母公司与子公司、子公司相互之间发生的经济业务对个别财务报表有关项目的影响进行抵销处理，包括长期股权投资与所有者权益、内部购销、内部债权债务、内部固定资产、内部无形资产等交易和事项的抵销

续表

程序	具体内容
计算合并财务报表各项目的合并金额	计算合并财务报表各项目的合并金额，是指在母公司和子公司个别财务报表各项目加总金额的基础上，分别计算出合并财务报表中各资产项目、负债项目、所有者权益项目、收入项目和费用项目等的合并金额。比如，资产类各项目，其合并金额根据该项目加总的金额，加上该项目调整分录与抵销分录有关的借方发生额，减去该项目调整分录与抵销分录有关的贷方发生额计算确定
填列正式的合并财务报表	将合并工作底稿中的"合并数"抄到合并财务报表相关项目中，合并报表就编制完成了

第九章　金融工具会计

☞ 掌握金融资产和金融负债的概念与分类
☞ 掌握金融资产和金融负债的确认和计量
☞ 掌握金融负债和权益工具的区分
☞ 掌握金融资产转移是否终止确认的分析、判断
☞ 掌握套期保值的概念
☞ 掌握套期保值的原则与方式
☞ 掌握套期保值的操作
☞ 掌握股权激励的方式
☞ 掌握实施股权激励的条件
☞ 掌握股权激励计划的拟定和实施
☞ 掌握股份支付的会计处理
☞ 熟悉金融资产减值
☞ 熟悉金融资产转移的类型

【要点1】金融资产分类、确认与计量

（1）金融资产分类。

分类	划分标准
以摊余成本计量的金融资产（I）	①企业管理该金融资产的业务模式是以收取合同现金流量为目标； ②该金融资产的合同条款规定，在特定日期产生的现金流量，仅为对本金和以未偿付本金金额为基础的利息的支付（SPPI）。 第 I 类只能是普通债权类（如贷款、普通债券、应收款等），不能是股权类和混合证券类
以公允价值计量且其变动计入其他综合收益的金融资产（II）	①企业管理该金融资产的业务模式既以收取合同现金流量为目标又以出售该金融资产为目标； ②该金融资产的合同条款规定，在特定日期产生的现金流量，仅为对本金和以未偿付本金金额为基础的利息的支付（SPPI）。第 II 类可以是债权类，也可以是股权类

续表

分类	划分标准
以公允价值计量且其变动计入当期损益的金融资产（Ⅲ）	一般情形：除划分为上述两类金融资产之外的金融资产。特殊情形（直接指定）：如果能够消除或显著减少会计错配，企业可以在初始确认金融资产时，将其直接指定为以公允价值计量且其变动计入当期损益的金融资产。第Ⅲ类可以是债权类，也可以是股权类，而且不具有重大影响的股权类，一般都分类为第Ⅲ类，采用"交易性金融资产"科目核算

（2）金融资产的初始计量和后续计量。

计量	相关规定
初始计量	企业在初始确认金融资产时，应按公允价值计量。对于以公允价值计量且其变动计入当期损益的金融资产，相关交易费用直接计入当期损益；对于其他类别的金融资产，相关交易费用计入初始确认金额
后续计量	①金融资产第Ⅰ类，按摊余成本后续计量。 ②金融资产第Ⅱ类，按公允价值计量且其变动计入其他综合收益。 ③金融资产第Ⅲ类，按公允价值计量且其变动计入当期损益

【要点2】金融资产减值

损失的确认及计量	具体内容
金融资产减值确认的"一般"方法	（1）如果该金融工具的信用风险自初始确认后已显著增加，企业应当按照相当于该金融工具整个存续期内预期信用损失的金额计量其损失准备，计入当期损益。 （2）如果该金融工具的信用风险自初始确认后并未显著增加，企业应当按照相当于该金融工具未来12个月内预期信用损失的金额计量其损失准备，计入当期损益
针对购买或源生的已发生信用减值的金融资产的"特定"方法	对于购买或源生的已发生信用减值的金融资产，企业应当在资产负债表日仅将自初始确认后整个存续期内预期信用损失的累计变动确认为损失准备，本期变动金额计入当期损益
针对应收项、合同资产和租赁应收款的"简化"方法	对于应收款项、合同资产和租赁应收款等，企业应当按照相当于整个存续期内预期信用损失的金额计量其损失准备，计入当期损益

续表

损失的确认及计量	具体内容
预期信用损失计量	（1）对于金融资产，信用损失应为企业应收取的合同现金流量与预期收取的现金流量之间差额的现值。 （2）对于资产负债表日已发生信用减值但并非购买或源生已发生信用减值的金融资产，信用损失应为该金融资产账面余额与按原实际利率折现的估计未来现金流量的现值之间的差额

学习心得

【要点3】金融负债和权益工具的区分

情形	金融负债 （符合下列条件之一）	权益工具（同时满足）
是否存在 合同义务	向其他方交付现金或其他金融资产的合同义务	该金融工具不包括交付现金或其他金融资产给其他方，或在潜在不利条件下与其他方交换金融资产或金融负债的合同义务
	在潜在不利条件下，与其他方交换金融资产或金融负债的合同义务	
自身权益 工具结算	将来须用或可用企业自身权益工具进行结算的非衍生工具合同，且企业根据该合同将交付可变数量的自身权益工具	将来须用或可用企业自身权益工具结算该金融工具的，如该金融工具为非衍生工具，不包括交付可变数量的自身权益工具进行结算的合同义务；如为衍生工具，企业只能通过以固定数量的自身权益工具交换固定金额的现金或其他金融资产结算该金融工具
	将来须用或可用企业自身权益工具进行结算的衍生工具合同，但以固定数量的自身权益工具交换固定金额的现金或其他金融资产的衍生工具合同除外	

续表

情形	金融负债 （符合下列条件之一）	权益工具（同时满足）
区分的基本原则	（1）是否存在无条件地避免交付现金或其他金融资产的合同义务：①如果企业不能无条件地避免以交付现金或其他金融资产来履行一项合同义务，则该合同义务符合金融负债的定义，分类为金融负债；②如果企业能够无条件地避免交付现金或其他金融资产，则此类交付现金或其他金融资产的结算条款不构成金融负债，分类为权益工具。 （2）是否通过交付固定数量的自身权益工具结算：对于将来须交付企业自身权益工具，如果未来结算时交付的权益工具数量是可变的，或者收到的对价的金额是可变的，则该金融工具不符合权益工具的定义，分类为金融负债。 （3）对于将来须用或可用企业自身权益工具结算的分类，应当区分是衍生工具还是非衍生工具：①对于非衍生工具，如果发行方未来没有义务交付可变数量的自身权益工具进行结算，则该非衍生工具是权益工具，否则该非衍生工具是金融负债；②对于衍生工具，如果发行方只能通过以固定数量的自身权益工具交换固定金额的现金或其他金融资产进行结算，则该衍生工具是权益工具；如果发行方以固定数量自身权益工具交换可变金额现金或其他金融资产，或以可变数量自身权益工具交换固定金额现金或其他金融资产，或在转换价格不固定的情况下以可变数量自身权益工具交换可变金额现金或其他金融资产，则该衍生工具应当确认为金融负债或金融资产	

【要点4】金融资产转移的会计处理

符合终止确认条件的金融资产转移	符合终止确认条件的判断	存在下列情形之一的，表明企业已将金融资产所有权上几乎所有的风险和报酬转移给转入方，应终止确认金融资产：（1）企业无条件出售金融资产；（2）附回购协议的金融资产出售，回购价为回购时该金融资产的公允价值；（3）企业出售金融资产，同时与转入方签订看跌或看涨期权合约，且该看跌或看涨期权为深度价外期权（到期日之前不太可能变为价内期权）
	符合终止确认条件时的计量	金融资产整体转移满足终止确认条件的，应当将下列两项金额的差额计入当期损益：（1）被转移金融资产在终止确认日的账面价值；（2）因转移而收到的对价，与原直接计入其他综合收益的公允价值变动累计额（涉及转移的金融资产为其他债权投资）之和
不符合终止确认条件的金融资产转移	不符合终止确认条件的判断	以下情形通常表明企业保留了金融资产所有权上几乎所有的风险和报酬：（1）附回购协议的金融资产出售，转出方将予回购的资产与售出的金融资产相同或实质上相同，回购价格固定或是原售价加上合理回报；（2）企业融出证券或进行证券出借（如证券公司将自身持有的证券借给客户，到期客户归还相同数量的同种证券并向证券公司支付出借费用）；（3）企业出售金融资产并附有

续表

不符合终止确认条件的金融资产转移	不符合终止确认条件的判断	将市场风险敞口转回给企业的总回报互换；（4）企业出售短期应收款项或信贷资产，并且全额补偿转入方可能因被转移金融资产发生的信用损失；（5）企业出售金融资产，同时与转入方签订看跌或看涨期权合约，且该看跌期权或看涨期权为一项价内期权；（6）采用附追索权方式出售金融资产
	不符合终止确认时的计量	企业应当继续确认所转移金融资产整体，并将收到的对价确认为一项金融负债。此类金融资产转移实质上具有融资性质，不能将金融资产与所确认的金融负债相互抵销。在随后的会计期间，企业应当继续确认该金融资产产生的收入和该金融负债产生的费用
继续涉入条件下的金融资产转移	继续涉入条件下金融资产转移的判断	企业既没有转移也没有保留金融资产所有权上几乎所有的风险和报酬，但未放弃对该金融资产控制的，应当按照其继续涉入所转移金融资产的程度确认有关金融资产，并相应确认有关金融负债。继续涉入的方式主要包括：享有继续服务权、签订回购协议、签发或持有期权以及提供担保等

续表

继续涉入条件下的金融资产转移	继续涉入条件下金融资产转移的计量	企业应当按照其继续涉入所转移金融资产的程度，在充分反映保留的权利和承担的义务的基础上，确认有关金融资产和金融负债。企业应当对因继续涉入所转移金融资产形成的有关资产确认相关收入，对继续涉入形成的有关负债确认相关费用。继续涉入所形成的相关资产和负债不应当相互抵销

学习心得

【要点5】套期保值的原则与方式

套期保值 原则	种类相同 或相关	选择的期货品种通常要和套期保值交易者将在现货市场中买进或卖出的现货商品或资产在种类上相同或有较强的相关性
	数量相等 或相当	买卖期货合约的规模通常要与套期保值交易者在现货市场上所买卖的商品或资产的规模相等或相当
	交易方向 相反	套期保值者通常要在同时或相近时间内在现货市场上和期货市场上采取相反的买卖行动，即进行反向操作
	月份相同 或相近	选用的期货合约的交割月份最好与套期保值交易者将来在现货市场上实际买进或卖出现货商品的时间相同或相近
套期保值 方式	买入套期保值（回避价格上涨的风险），适用于将来购进某种资产	
	卖出套期保值（回避价格下跌的风险），适用于将来卖出某种资产	

【要点6】套期的会计处理

（1）套期的分类。

公允价值套期	（1）含义：指对已确认资产或负债、尚未确认的确定承诺，或上述项目组成部分的公允价值变动风险敞口进行的套期。 （2）公允价值套期的例子：①甲公司签订一项以固定利率换浮动利率的利率互换合同，对其承担的固定利率负债的利率风险引起的公允价值变动风险敞口进行套期；②甲公司签订了一项6个月后以固定价格购买原油的合同（尚未确认的确定承诺），为规避原油价格变动风险，该公司签订了一项未来卖出原油的期货合约，对该确定承诺的价格风险引起的公允价值变动风险敞口进行套期；③甲公司购买一项看跌期权合同，对持有的其他权益工具投资的公允价值变动风险敞口进行套期；④对确定承诺的外汇风险进行的套期，企业可以作为公允价值套期
现金流量套期	（1）含义：指对现金流量变动风险敞口进行的套期。该现金流量变动源于与已确认资产或负债、极可能发生的预期交易，或与上述项目组成部分有关的特定风险，且将影响企业的损益。

续表

现金流量 套期	（2）**现金流量套期的例子**：①甲公司签订一项以浮动利率换固定利率的利率互换合约，对其承担的浮动利率债务的利率风险引起的现金流量变动风险敞口进行套期；②甲公司签订一项未来购入原油的远期合同，对3个月后预期极可能发生的与购买原油相关的价格风险引起的现金流量变动风险敞口进行套期；③甲公司签订一项购入外币的远期外汇合同，对以固定外币价格购入原材料的极可能发生的预期交易的外汇风险引起的现金流量变动风险敞口进行套期；④**对确定承诺的外汇风险进行的套期**，企业也可以作为现金流量套期
境外经营净 投资套期	①**含义**：指对**境外经营净投资外汇风险敞口**进行的套期。 ②境外经营净投资是指企业在境外经营净资产中的权益份额

（2）套期工具及被套期项目的认定。

套期工具	指企业为进行套期而指定的、其公允价值或现金流量变动预期可抵销被套期项目的公允价值或现金流量变动的金融工具，包括：①以公允价值计量且其变动计入当期损益的衍生工具，但签出期权除外。②以公允价值计量且其变动计入当期损益的非衍生金融资产或非衍生金融负债，但指定为以公允价值计量且其变动计入当期损益，且其自身信用风险变动引起的公允价值变动计入其他综合收益的金融负债除外。企业自身权益工具不属于企业的金融资产或金融负债，不能作为套期工具
被套期项目	指使企业面临公允价值或现金流量变动风险，且被指定为被套期对象的、能够可靠计量的项目。企业可以将下列单个项目、项目组合或其组成部分指定为被套期项目：①已确认资产或负债。②尚未确认的确定承诺。③极可能发生的预期交易。④境外经营净投资

（3）运用套期会计的条件。

公允价值套期、现金流量套期或境外经营净投资套期同时满足下列条件的，才能运用套期会计准则规定的套期会计方法进行处理：
①套期关系仅由符合条件的套期工具和被套期项目组成。
②在套期开始时，企业正式指定了套期工具和被套期项目，并准备了关于套期关系和企业从事套期的风险管理策略和风险管理目标的书面文件。
③套期关系符合套期有效性要求。套期同时满足下列条件的，企业应当认定套期关系符合套期有效性要求：被套期项目和套期工具之间存在经济关系，该经济关系使得套期工具和被套期项目的价值因面临相同的被套期风险而发生方向相反的变动；被套期项目和套期工具经济关系产生的价值变动中，信用风险的影响不占主导地位；套期关系的套期比率，应当等于企业实际套期的被套期项目数量与对其进行套期的套期工具实际数量之比，但不应当反映被套期项目和套期工具相对权重的失衡，这种失衡会导致套期无效，并可能产生与套期会计目标不一致的会计结果

（4）套期的确认和计量。

公允价值套期的会计处理	①套期工具产生的利得或损失应当计入当期损益。如果套期工具是对选择以公允价值计量且其变动计入其他综合收益的非交易性权益工具投资（或其组成部分）进行套期的，套期工具产生的利得或损失应当计入其他综合收益。 ②被套期项目因被套期风险敞口形成的利得或损失应当计入当期损益，同时调整未以公允价值计量的已确认被套期项目的账面价值
现金流量套期的会计处理	（1）套期工具产生的利得或损失中属于套期有效的部分，作为现金流量套期储备，应当计入其他综合收益。现金流量套期储备的金额，应当按照下列两项的绝对额中较低者确定：套期工具自套期开始的累计利得或损失；被套期项目自套期开始的预计未来现金流量现值的累计变动额。每期计入其他综合收益的现金流量套期储备的金额应当为当期现金流量套期储备的变动额。 现金流量套期储备（其他综合收益）转出，有两种情况：①被套期项目为预期交易，且该预期交易使企业随后确认一项非金融资产或非金融负债的，或者非金融资产或非金融负债的预期交易形成一项适用于公允价值套期会计的确定承诺时，企业应当将原在其他综合收益中确认的现金流量套期储备金额转出，计入该资产或负债的初始确认金额。②除第①情形外，企业应当在被套期的预期现金流量影响损益的相同期间，将原在其他综合收益中确认的现金流量套期储备金额转出，计入当期损益 （2）套期工具产生的利得或损失中属于套期无效的部分（即扣除计入其他综合收益后的其他利得或损失），应当计入当期损益

境外经营净投资的会计处理	①套期工具形成的利得或损失中属于套期有效的部分，应当计入其他综合收益。全部或部分处置境外经营时，上述计入其他综合收益的套期工具利得或损失应当相应转出，计入当期损益。 ②套期工具形成的利得或损失中属于套期无效的部分，应当计入当期损益

学习心得

【要点7】 不同股权激励方式的特点及适用范围

激励方式	特点及适用范围
股票期权	含义：指公司授予激励对象在未来期限内以预先确定的价格和条件购买公司一定数量股票的权利。 特点：（1）高风险、高回报；（2）是未来收益的权利；（3）所起的主要作用是留住人。 适用范围：适合处于成长初期或扩张期的企业
限制性股票	指激励对象按照股权激励计划规定的条件，获得的转让等部分权利受到限制的本公司股票。 特点：（1）是已实现持有的、归属受到限制的收益，往往可以激励人和吸收人；（2）我国上市公司授予激励对象限制性股票，应当在股票激励计划中规定获得股票的业绩条件、禁售期限、授予价格等。 适用范围：成熟型企业或者对资金投入要求不是非常高的企业

激励方式	特点及适用范围
股票增值权	含义：指公司授予激励对象在未来一定时期和约定条件下，获得规定数量的股票价格上升所带来收益的权利。 特点：（1）授予的是一种权利，在既定条件中，按照行权日与授予日二级市场股票差价乘以授予股票数量，获取现金收益的权利；（2）行权期一般超过激励对象任期，有助于约束激励对象短期行为。 适用范围：现金流充裕且发展稳定的公司，我国境外上市公司大多使用股票增值权
虚拟股票	含义：指公司授予激励对象一种虚拟的股票，激励对象可以根据被授予虚拟股票的数量参与公司的分红并享受股价升值收益。 特点：（1）没有所有权和表决权，不能转让和出售，且在离开公司时自动消失；（2）本质是将奖金延期支付，其资金来源于公司的奖励基金；（3）激励对象可以在公司效益好时获得分红。 适用范围：适用范围广，有些非上市公司也可选择虚拟股票方式

续表

激励方式	特点及适用范围
业绩股票	含义：指年初确定一个合理的业绩目标和一个科学的绩效评估体系，如果激励对象经过努力后实现了该目标，则公司授予其一定数量的股票。 特点：（1）满足条件时兑现业绩股票，未满足条件时，未兑现部分的业绩股票取消；（2）流通变现通常有时间和数量限制；（3）激励模式比较规范，可以将激励对象的业绩与报酬紧密地联系在一起。 适用范围：业绩稳定并持续增长、现金流充裕的企业

🕐 学习心得 -

- -

- -

- -

- -

【要点 8】 实施股权激励的条件

上市公司具有下列情形之一的，<u>不得</u>实行股权激励：
（1）最近一个会计年度财务会计报告被注册会计师出具否定意见或者无法表示意见的审计报告；（2）最近一个会计年度财务报告内部控制被注册会计师出具否定意见或无法表示意见的审计报告；（3）上市后最近 36 个月内出现过未按法律法规、公司章程、公开承诺进行利润分配的情形；（4）法律法规规定不得实行股权激励的；（5）中国证监会认定的其他情形

学习心得

【要点9】股权激励计划的拟订和实施

（1）股权激励计划的拟订。

激励对象的确定	激励对象可以包括上市公司的董事、高级管理人员、核心技术人员或者核心业务人员，以及公司认为应当激励的对公司经营业绩和未来发展有直接影响的其他员工；在境内工作的外籍员工任职上市公司董事、高级管理人员、核心技术人员或者核心业务人员的，可以成为激励对象。 但激励对象不应当包括独立董事和监事以及单独或合计持有上市公司5%以上股份的股东或实际控制人及其配偶、父母、子女，不得成为激励对象（科创板上市公司除外）。 简单地说，"战斗队员"可以成为激励对象，"监督者"和"重要投资者"不能成为激励对象
标的股票来源与数量	上市公司主要采用向激励对象发行股份和回购公司自己的股份两种方式解决股权激励股票的来源。应注意：①对于一般上市公司，全部有效的股权激励计划所涉及的标的权总量累计不得超过股本总额的10%，其中个人获授部分不得超过股本总额的1%，超过1%的需要获得股东大会的特别决议批准；②科创板上市公司全部在有效期内的股权激励计划所涉及的标的股票总数，累计不得超

续表

标的股票来源与数量	过公司股本总额的20%；③国有控股上市公司首次实施股权激励计划授予的股权数量原则上应控制在上市公司发行总股本的1%以内；④中小市值中央企业控股上市公司及科技创新型中央企业控股上市公司，首次实施股权激励计划授予的权益数量占公司股本总额的比重，最高可以由1%上浮至3%；⑤对于国有控股境内上市公司的高管人员，在股权激励计划有效期内，实施股权激励的高管人员预期中长期激励收入应控制在薪酬总水平的30%以内，对于国有控股境外上市公司这个限制比例为40%；⑥对于中央企业控股上市公司，董事、高管的权益授予价值，境内上市公司统一按照不高于授予时薪酬总水平（含权益授予价值）的40%确定，管理、技术和业务骨干等其他激励对象的权益授予价值，由上市公司董事会合理确定
激励计划的时间要素	（1）有效期：①上市公司的股权激励计划的有效期从首次授予日起不得超过10年。②上市公司在推出股权激励计划时，可以设置预留权益，预留比例不得超过本次股权激励计划拟授予权益数量的20%。上市公司应当在股权激励计划经股东大会审议通过后12个月内明确预留权益的授予对象；超过12个月未明确激励对象的，预留权益失效。③上市公司不得为激励对象依股权激励计划获取有关权益提供贷款以及其他任何形式的财务资助，包括为其贷款提供担保。

续表

激励计划的时间要素	（2）时间要求：①限制性股票授予日与首次解除限售日之间的间隔不得少于12个月。在限制性股票有效期内，上市公司应当规定分期解除限售，每期时限不得少于12个月，各期解除限售的比例不得超过激励对象获授限制性股票总额的50%。②股票期权授予日与获授股票期权首次可行权日之间的间隔不得少于12个月。在股票期权有效期内，上市公司应当规定激励对象分期行权，每期期限不得少于12个月，后一行权期的起算日不得早于前一行权期的届满日。每期可行权的股票期权比例不得超过激励对象获授股票期权总额的50%。③对于科创板中央控股上市公司，以限制性股票方式实施股权激励的，若授予价格低于公平市场价格的50%，公司应当适当延长限制性股票的禁售期及解锁期，并设置不低于近3年平均业绩水平或同行业75分位值水平的解锁业绩目标条件。④国有控股境内上市公司，采用股票期权激励方式的，行权限制期原则上不得少于2年；行权有效期不得低于3年
股权授予价格的确定	①上市公司在授予激励对象限制性股票时，授予价格不得低于股票票面金额，且原则上不得低于下列价格较高者：股权激励计划草案公布前1个交易日的公司股票交易均价的50%；股权激励计划草案公布前20个交易日、60个交易日或者120个交易日的公司股票交易均价之一的50%。对于科创板上市公司，其授予激励对象限制性股票的价格，低于股权激励计划草案公布前1个交易日、

股权授予价格的确定	20个交易日、60个交易日或者120个交易日公司股票交易均价的50%的，应当说明定价依据及定价方式。对于尚未盈利的科创板中央企业控股上市公司，限制性股票授予价格按照不低于公平市价的60%确定。 ②上市公司在授予激励对象股票期权时，行权价格不得低于股票票面金额，且原则上不得低于下列价格较高者：股权激励计划草案公布前1个交易日的公司股票交易均价；股权激励计划草案公布前20个交易日、60个交易日或者120个交易日的公司股票交易均价之一

🕐 **学习心得** ....

....

....

....

....

（2）股权激励计划的实施。

拟订草案	上市公司董事会下设的薪酬与考核委员会负责拟订股权激励计划草案
董事会决议	①拟作为激励对象的董事或与其存在关联关系的董事应回避表决； ②独立董事及监事会应当就股权激励计划草案是否有利于上市公司的持续发展、是否存在明显损害上市公司及全体股东利益的情形发表意见； ③独立董事或监事会认为有必要的，可以建议上市公司聘请独立财务顾问，对股权激励计划的可行性、是否有利于上市公司的持续发展、是否损害上市公司利益及对股东利益的影响发表专业意见。上市公司未按照建议聘请独立财务顾问的，应当就此事项作特别说明
公示公告	①内部公示激励对象的姓名和职务，公示期不少于10天； ②监事会应当对股权激励名单进行审核，充分听取公示意见； ③在股东大会审议股权激励计划前5日披露监事会对激励名单审核及公示情况的说明

股东大会审议	①独立董事应当就股权激励计划向所有股东征集委托投票权； ②股东大会应当对股权激励计划内容进行表决，并经出席会议的股东所持表决权的 2/3 以上通过； ③除上市公司董事、监事、高级管理人员、单独或合计持有上市公司 5% 以上股份的股东以外，其他股东的投票情况应当单独统计并予以披露； ④拟为激励对象的股东或与激励对象存在关联关系的股东，应当回避表决
实施	①董事会负责实施； ②监事会应当对限制性股票授予日及期权授予日激励对象名单进行核实并发表意见

学习心得 ....

....

....

....

【要点10】股权支付的会计处理

日期	以权益结算的股份支付	以现金结算的股份支付
授予日	除立即可行权的股份支付外，企业在授予日均不作会计处理	
等待期内资产负债表日	企业应当在等待期内的每个资产负债表日，以对可行权权益工具数量的最佳估计为基础，按照权益工具在授予日的公允价值，将当期取得的服务计入相关资产成本或当期费用，同时计入资本公积（其他资本公积）	企业应当在等待期内的每个资产负债表日，以对可行权情况的最佳估计为基础，按照企业承担负债的公允价值，将当期取得的服务计入相关资产成本或当期费用，同时计入负债（应付职工薪酬）。在结算前的每个资产负债表日和结算日对负债的公允价值重新计量，将其变动计入损益
可行权日之后的资产负债表日	不作会计处理	可行权日之后不再确认成本费用，但是负债公允价值变动应当计入公允价值变动损益。即等待期内按照受益原则处理，等待期后不按受益原则处理

续表

日期	以权益结算的股份支付	以现金结算的股份支付
行权日	行权日的处理分两种情况：①发行新股：企业应在行权日根据行权情况，确认股本和股本溢价，同时结转等待期内确认的资本公积（其他资本公积）。②回购股份：企业回购股份时，应按回购股份的全部支出作为库存股处理，在职工行权购买本企业股份时，企业应转销交付职工的库存股成本和等待期内资本公积（其他资本公积）累计金额，同时，按照其差额调整资本公积（股本溢价）	行权日应该冲减应付职工薪酬，同时减少银行存款

第十章　行政事业单位预算与财务管理

☞ 掌握中央部门预算的编制规程、原则

☞ 掌握政府收支分类

☞ 掌握中央部门预算执行

☞ 掌握中央部门结转和结余资金管理

☞ 掌握中央部门预决算公开

☞ 掌握国库集中收付制度

☞ 掌握预算管理一体化

☞ 掌握政府采购参加人

☞ 掌握政府采购的资金范围、对象与原则、执行模式

☞ 掌握政府采购的方式和程序

☞ 掌握政府采购合同

☞ 掌握政府采购的基本政策要求

☞ 掌握行政事业单位国有资产的配置、使用及处置

☞ 掌握行政事业单位国有资产的评估、清查及登记

☞ 掌握行政事业单位国有资产报告

☞ 掌握行政事业单位内部控制的目标与原则

☞ 掌握行政事业单位内部控制的组织实施与风险评估

☞ 掌握行政事业单位整体和业务层面的内部控制

☞ 掌握行政事业单位内部控制的评价与监督

☞ 熟悉中央部门收入预算编制

☞ 熟悉中央部门支出预算编制

☞ 熟悉政府采购需求管理和执行管理

☞ 熟悉政府购买服务与服务项目政府采购

☞ 熟悉政府采购的特殊规定与法律责任

☞ 熟悉中央级行政事业单位国有资产管理的特殊规定

☞ 熟悉推进预算绩效管理的总体思路

☞ 熟悉预算绩效管理的原则与组织实施

☞ 熟悉中央部门预算绩效管理

☞ 熟悉行政事业单位内部控制报告

【要点1】政府收支分类

项目	内　　容
收入分类	根据财政部制定的《2024年政府收支分类科目》，一般财政预算收入分类科目的类级科目包括：税收收入、非税收入、债务收入和转移性收入
支出功能分类	（1）支出功能分类需要重点把握其中的划分思路。比如，从支出功能分类上来讲，某环保局的人员经费、环境保护费等，均应划分为"节能环保支出"类支出。 （2）任何部门分管的学校都属于"教育支出"类；任何部门设立的医院都属于"医疗卫生与计划生育支出"类；任何部门的科研支出都属于"科学技术支出"类，比如，环保局下设某研究所，从事环境保护的研究工作，那么，该研究所的支出就要归为"科学技术支出"类支出。 （3）"住房保障支出"集中反映政府用于住房方面的支出，包括住房公积金、提租补贴、购房补贴
支出经济分类	（1）"工资福利支出"反映单位在职职工的劳动报酬以及缴纳的各项社会保险费，包括基本工资、津贴补贴（含提租补贴、购房补贴等）、奖金、住房公积金、医疗费等。

续表

项目	内　容
支出经济分类	（2）"对个人和家庭的补助"反映对个人和家庭的补助，包括离退休费、离退休人员和学生的医疗费、助学金。 （3）"商品和服务支出"是指用于消耗性物品购买（办公用品、水电）、设备房屋日常维修等。 （4）"资本性支出"包括房屋建筑物购建、办公设备购置、基础设施建设、大型修缮、信息网络及软件购置更新等

学习心得

【要点 2】中央部门支出预算编制

（1）基本支出预算编制。

项目	内 容
编制原则	综合预算原则、优先保障原则、定额管理原则
主要内容	基本支出的内容包括人员经费和日常公用经费两部分。 ①人员经费在支出经济分类科目中体现为"工资福利支出"和"对个人和家庭的补助"两部分； ②日常公用经费在支出经济分类科目中体现为"商品和服务支出""其他资本性支出"等科目中属于基本支出的内容
定员定额标准	基本支出定员定额标准由"双定额"构成，即综合定额和财政补助定额
编制程序	包括制定定额标准、审核基础数据、测算和下达控制数、编报部门基本支出预算、审批下达正式预算等阶段。 ※ **注意**：①在预算管理一体化下，基本支出全部以项目形式纳入项目库。 ②在编制基本支出时，预算单位基本支出自主调整的范围仅限于人员经费经济分类"款"级科目之间或日常公用经费支出经济分类"款"级科目之间的必要调整，人员经费和日常公用经费之间不允许自主调整

（2）项目支出预算编制。

项目	内　　容
特征	项目支出预算具有三个特征：①专项性，即项目围绕特定的业务目标；②独立性，每个项目支出预算应有其支出的明确范围；③完整性，项目支出预算应包括完成特定业务目标所涉及的全部经费支出
分级管理	中央部门预算的项目实行分级管理，分为一级项目和二级项目： ①一级项目管理：一级项目在年度预算编制的前期准备阶段进行设置或调整。通用项目由财政部制定，并统一下发给部门，部门专用项目，由各部门提出设置建议，经财政部审核后下发给部门，作为部门编制二级预算的基础。一级项目的内容应包括实施内容、支出范围和总体绩效目标； ②二级项目管理：二级项目由具体预算单位，根据项目支出预算管理的相关规定和部门的有关要求，自主设立
审核及申报	①部门审核和评审程序。部门内部的项目审核和评审程序，由部门自行确定。审核内容主要包括完整性、必要性、可行性和合理性等； ②项目支出预算及项目库的申报。部门根据项目的优先排序情况，将项目列入预算和规划中，按照财政部要求的分年度项目支出控制规模，向财政部申报预算。项目库的申报与项目支出预算的申报需同步进行

续表

项目	内　　容
预算评审	所有项目均应纳入项目库管理，年度预算安排项目从项目库中择优选取
调整及控制	①财政部对项目的调整与控制。根据审核及评审情况，财政部对项目有三种处理方式：一是审核通过，纳入财政部项目库；二是审核未通过，且项目立项属于不符合政策的，财政部"不予安排"；三是审核未通过，但不违反政策，可调整后重新申报； ②部门对项目的调整。财政部控制数下达后，三年及分年支出总额不得调整。在一级项目的支出控制数规模内，部门可增减或替换二级项目，增加的二级项目必须是已申报纳入财政部项目库，且财政部未明确不予安排的项目
批复及调整	①项目的批复。全国人大批准中央预算后，由财政部批复各中央部门的年度项目支出预算； ②项目的调整。当年安排预算的项目一经批准，对当年的年初预算数不得再作调整。需调增当年预算的项目，应通过部门其他已列入预算安排的项目调减的当年指标解决，部门申请调剂时应将调增和调减的项目同时报财政部审核
夯实项目库管理	项目库管理是预算管理的基础，预算支出全部以项目形式纳入预算项目库。单位申请预算，必须从项目库中挑选预算项目。项目库实行分层设立、分级管理。财政部、中央部门和所属单位分别设立项目库。中央部门和单位如需对已入库项目进行调整，须编制项目调整计划，按程序逐级报批

【要点3】中央部门预算执行

项目	内　　容
基本支出预算执行及调整	（1）中央部门应严格执行批复的预算，部门在执行中出现下列情况，应当进行预算调整：①需要增加或者减少预算总支出的；②需要调入预算稳定调节基金的；③需要调减预算安排的重点支出数额的；④需要增加举借债务数据的。（本为2024年新增内容） （2）中央部门应当严格执行批准的基本支出预算。执行中发生的非财政补助收入超收部分，原则上不再安排当年的基本支出，可报财政部批准后，安排项目支出或结转下年使用；发生的短收部分，中央部门应当经财政部批准后调减当年预算，当年的财政补助数不予调整。如遇国家出台有关政策，对预算执行影响较大，确需调整基本支出预算的，由中央部门报经财政部批准后进行调整
项目支出预算执行及调整	（1）项目支出预算一经批复，中央部门和项目单位不得自行调剂。 （2）预算执行过程中，如发生项目变更、终止的，必须按照规定的程序报经财政部批准，并进行预算调剂

【要点4】中央部门结转和结余资金管理

（1）结转资金管理。

项目	内　　容
基本支出结转资金管理	①年度预算执行结束时，尚未列支的基本支出全部作为结转资金管理，结转下年继续用于基本支出。基本支出结转资金包括人员经费结转资金和公用经费结转资金。 ②编制年度预算时，中央部门应充分预计和反映基本支出结转资金，并结合结转资金情况统筹安排以后年度基本支出预算。财政部批复年初预算时一并批复部门上年底基本支出结转资金情况。部门决算批复后，决算中基本支出结转资金数与年初批复数不一致的，应以决算数据作为结转资金执行依据。 ③中央部门在预算执行中因增人增编需增加基本支出的，应首先通过基本支出结转资金安排
项目支出结转资金管理	①项目实施周期内，年度预算执行结束时，除连续两年未用完的预算资金外，已批复的预算资金尚未列支的部分，作为结转资金管理，结转下年按原用途继续使用。基本建设项目竣工之前，均视为在项目实施周期内，年度预算执行结束时，已批复的预算资金尚未列支的部分，作为结转资金管理，结转下年按原用途继续使用。

续表

项目	内　容
项目支出结转资金管理	②编制年度预算时，中央部门应充分预计和反映项目支出结转资金，并结合结转资金情况统筹安排以后年度项目支出预算。财政部批复年初预算时一并批复部门上年底项目支出结转资金情况。 ③部门决算批复后，决算中项目支出结转资金数与年初批复数不一致的，应以决算数据作为结转资金执行依据
控制结转资金规模	①中央部门应努力提高预算编制的科学性、准确性，合理安排分年支出计划，根据实际支出需求编制年度预算，控制结转资金规模。 ②对当年批复的预算，预计年底将形成结转资金的部分，除基本建设项目外，中央部门按照规定程序报经批准后，可调减当年预算或调剂用于其他急需资金的支出。对结转资金中预计当年难以支出的部分，除基本建设项目外，中央部门按照规定程序报经批准后，可调剂用于其他急需资金的支出。 ③连续两年未用完的结转资金，由财政部收回。 ④中央部门调减预算或对结转资金用途进行调剂后，相关支出如在以后年度出现经费缺口，应在部门三年支出规划确定的支出总规模内通过调整结构解决。 ⑤中央部门结转资金规模较大、占年度支出比重较高的，财政部可收回部分结转资金

（2）结余资金管理。

①项目支出结余资金原则上<u>由财政部收回</u>。基本建设项目竣工后，项目建设单位应抓紧办理工程价款结算和清理项目结余资金，并编报竣工财务决算。财政部和相关主管部门应及时批复竣工财务决算。基本建设项目的结余资金，由财政部收回。
②年度预算执行结束后，部门应在 **45 日**内完成对结余资金的清理，将清理情况区分国库集中支付结余资金和非国库集中支付结余资金报财政部。财政部收到中央部门报送的结余清理情况后，应在 **30 日**内收回结余资金。
③部门决算批复后，决算中项目支出结余资金数超出财政部已收回结余资金数的，财政部应根据批复的决算，及时将超出部分的结余资金收回；决算中项目支出结余资金数低于财政部已收回结余资金数的，收回的资金不再退回中央部门。
④年度预算执行中，因项目目标完成、项目提前终止或实施计划调整，不需要继续支出的预算资金，中央部门应及时清理为结余资金并报财政部，<u>由财政部收回</u>

【要点5】中央部门预决算公开

项目	相关规定
部门预决算公开的意义	根据《中华人民共和国预算法实施条例》规定：各部门所属单位的预算、决算及报表，应当在部门批复后 **20 日内**由单位向社会公开
部门预决算公开的内容	（1）**公开主体：负责编制单位预算、决算的预算单位。** （2）公开范围：向社会公开部门批复的单位预决算。 （3）公开内容：部门批复的单位预算、决算及报表。单位预算、决算应当公开基本支出和项目支出；单位在公开预决算时，要对本单位职责及机构设置情况、预决算收支增减变化、运行经费安排、"三公"经费、政府采购等重点事项作出说明，结合工作进展情况逐步公开国有资产占用、预算绩效管理等信息。 （4）**公开时间：部门批复后 20 日内。** （5）公开方式：在本单位门户网站公开
推进部门预决算公开工作的相关要求	三点要求：积极稳妥做到部门所属单位预决算公开全覆盖；强化保障措施，落实单位主体责任；多方协同发力，健全完善配套制度

【要点6】预算管理一体化目标、内容、系统和资金支付

（1）预算管理一体化的目标和主要内容。

项目		相关规定
预算管理一体化的目标		预算管理一体化建设要实现五个一体化管理目标：全国政府预算管理的一体化；各部门预算管理的一体化；预算全过程管理的一体化；项目全生命周期管理的一体化；全国预算数据管理的一体化
预算管理一体化的主要内容	基础信息管理	规范单位信息、人员信息、资产信息、政府债务信息、支出标准、绩效指标、政府收支分类科目、会计科目、政府非税收入项目信息、政府采购基础信息、账户信息等
	项目库管理	明确项目库管理框架，规范预算项目的分类，以及各类项目的管理流程、管理规则和管理要素等
	预算编制	规范政府预算、部门预算、单位预算的编制原则、编制内容、管理流程和规则

续表

项目		相关规定
预算管理一体化的主要内容	预算批复	规范政府预算批准、转移支付预算下达、部门预算批复、政府和部门预算公开的管理流程和规则
	预算调整和调剂	规范预算执行中预算调整和调剂管理流程和规则
	预算执行	规范政府和部门收支预算执行的管理流程和规则
	会计核算	规范总预算会计核算、单位会计核算、预算指标会计核算的管理流程和规则
	决算和报告	规范财政总决算、部门决算、部门财务报告、政府综合财务报告、行政事业国有资产报告的管理流程和规则

（2）预算管理一体化系统。

预算管理一体化系统，一般应具有预算项目管理、预算编制管理、预算指标管理、预算执行、账户管理、资金动态监控、绩效管理等功能，应涵盖预算管理全部业务的管理功能，从而支撑从财政预算项目登记入账、预算安排、预算执行到滚动管理及绩效评价的完整预算项目管理流程。项目库管理是预算管理的基础，预算项目是预算管理的基本单元。全部预算支出应以预算项目的形式纳入项目库，进行全生命周期管理。项目库管理一般应包括项目登记、项目入库、项目整合、项目变更、项目公示等预算管理功能

（3）预算管理一体化系统下的资金支付管理

项目	相关规定
关于用款计划	①用款计划主要用于财政国库现金流量控制及资金清算管理，不再按项目编制。财政拨款资金和教育收费专户管理资金应当编制用款计划，单位资金暂不编制用款计划。②试点单位月度用款计划当月开始生效，当年累计支付金额（不含单位资金支付金额）不得超过当年累计已批复的用款计划。③财政部根据预算指标、库款情况等批复分月用款计划，不再向中央国库集中支付业务代理银行下达用款额度

续表

项目	相关规定
资金支付一般规定	①资金支付流程：试点单位办理资金支付业务时，应当通过中央一体化系统填报资金支付申请。财政部（国库司）对资金支付申请集中校验（审核）后，向代理银行发送支付凭证。代理银行根据支付凭证支付资金，不再对试点单位资金支付进行额度控制。试点单位原则上应当通过预算单位零余额账户支付资金。 ②资金支付类型：一是购买性支出（中央一体化系统校验政府采购合同中的收款人信息、合同金额等信息，校验不通过的原则上不允许支付资金）；二是公务卡还款；三是纳入财政统发范围的工资和离退休经费通过财政零余额账户办理资金支付；四是委托收款（试点单位办理水费、电费等委托收款业务时，应当提前指定用于委托收款的预算指标）。 ③资金支付更正：资金支付完成后，因技术性差错等原因误用预算指标或支出经济分类的，试点单位应当通过中央一体化系统填报支付更正申请，经系统自动校验或人工审核后，更正相关信息。 ④资金退回：因收款人账户名称或账号填写错误等原因导致的当年资金退回或项目未结束的跨年资金退回，代理银行应当将资金退回零余额账户

续表

项目	相关规定
资金支付特殊规定	①教育收费专户管理资金支付：教育收费专户管理资金通过中央一体化系统进行集中校验和人工审核后，直接拨付到试点单位实有资金账户，不再由试点部门转拨。 ②资金收入管理：试点单位基本存款账户开户银行应当通过中央一体化系统及时向试点单位发送账户收款及余额变动信息，试点单位应当根据资金到账通知书，按单位资金收入、往来收入、退回资金三种类型对入账资金予以确认。 ③资金支付管理：试点单位基本存款账户开户银行根据中央一体化系统发送的支付凭证办理单位资金支付。除另有规定外，试点单位基本存款账户开户银行原则上不得接受中央一体化系统以外的单位资金支付指令。 ④支付更正管理：属于单位资金收入的，试点单位应当按规定通过中央一体化系统填报支付更正申请，经系统自动校验通过后完成更正。 ⑤资金退回管理：退回资金中能够匹配原支付凭证（信息）的，试点单位应当自行确认是否恢复对应的预算指标；无法匹配原支付凭证（信息）的，按照往来收入管理

【要点7】政府采购制度

（1）政府采购概念、参加人、资金范围、对象、原则、执行模式。

项目	相关规定
政府采购制度的概念	政府采购是指各级国家机关、事业单位、团体组织和其他采购实体，为了自身履职或提供公共服务的需要，使用财政性资金或者其他国有资产，以合同方式取得货物、工程和服务的行为，包括购买、租赁、委托、政府和社会资本合作等
政府采购参加人	参加人包括政府采购当事人（采购人、供应商）和其他参加人（采购代理机构、评审专家、专业咨询人员、有关的第三人）。 ①采购人：国家机关、事业单位、团体组织和其他采购实体（如从事公用事业的公益性国有企业）。 ②采购代理机构：包括政府设立的集中采购机构和社会代理机构。任何单位和个人不得以任何方式为采购人指定采购代理机构。代理费用由中标、成交供应商支付的，供应商报价应当包含代理费用。

续表

项目	相关规定
政府采购参加人	③供应商：有意愿向采购人提供货物、工程或者服务的法人、非法人组织或者自然人。采购人不得以地域、所有制等不合理的条件对供应商实行差别待遇或者歧视待遇。但下列情形不得参加政府采购：被宣告破产的；尚欠缴纳税款或社保费；因违法行为，被依法限制或者禁止参加政府采购；前三年内在经营活动中存在重大违法记录；单位负责人为同一人或者存在直接控股、管理关系的不同供应商，不得参加同一合同项下的政府采购活动
政府采购的资金范围	政府采购资金是指财政性资金。这里的财政性资金包括财政预算资金以及与财政预算资金相配套的单位自筹资金。以财政性资金作为还款来源的借贷资金，视同财政性资金
政府采购对象	政府采购的对象包括货物、工程和服务
政府采购原则	遵循公开透明、公平竞争、公正廉洁、诚实信用和讲求绩效的原则

续表

项目	相关规定
政府采购执行模式	政府采购实行集中采购和分散采购相结合的模式：①技术、服务等标准统一，采购人普遍使用的项目应当纳入集中采购目录；采购人采购纳入集中采购目录的政府采购项目，**应当实行集中采购**，必须委托集中采购机构代理采购。②采购人采购集中采购目录之外且达到限额标准以上的采购项目，**应当实行分散采购**；未纳入集中采购目录的政府采购项目，可以自行组织采购，也可以委托采购代理机构代理采购

学习心得

（2）政府采购的方式和程序。

招标方式采购程序要点

项目	具体规定
招标	①采购人、采购代理机构应当编制招标文件，列明采购标的完整的需求标准，明确技术和商务要求（如设定最高限价的，应公开最高限价）。招标文件要求投标人提交保证金的，投标保证金不得超过采购项目预算金额的2%；投标保证金应当以支票、汇票、本票或者保函等非现金形式提交。招标分为公开招标和邀请招标。 ②公开招标：是指采购人依法以招标公告的方式邀请不特定的供应商参加投标的采购方式。应注意：一是设定最高限价的，应公开最高限价（采购人可以在采购预算额度内合理设定最高限价，但不得设定最低限价）；二是招标公告的公告期限为5个工作日。 ③邀请招标：是指采购人依法从符合相应资格条件的供应商中随机抽取3家以上供应商，并以投标邀请书的方式邀请其参加投标的采购方式。应注意：①符合下列情形之一的货物或者服务，可以采用邀请招标方式采购：a. 具有特殊性，只能

续表

项目	具体规定
招标	从有限范围的供应商处采购的；b. 采用公开招标方式的费用占政府采购项目总价值的比例过大的；c. 随机抽取供应商时（3家以上），应当有不少于两名采购人工作人员在场监督。 ④实行招标方式采购的，自招标文件开始发出之日起至投标人提交投标文件截止之日止，不得少于 20 日。招标文件售价按照弥补制作、邮寄成本的原则确定，不得以招标采购金额作为确定招标文件售价的依据
投标	投标人应当按照招标文件的要求编制投标文件。应注意：①任何单位和个人不得在开标前开启投标文件；②投标人串通投标投标无效，投标人未按要求提交投标保证金投标无效；③采购人应当自中标通知书发出之日起 5 个工作日内退还未中标人的投标保证金，自采购合同签订之日起 5 个工作日内退还中标人的投标保证金或转为履约保证金

续表

项目	具体规定
开标、评标	采购人在投标截止时间后立即开标。应注意：①评标委员会成员不得参加开标活动。②投标人不足 3 家的，不得开标；合格投标人不足 3 家的，不得评标。③采购人代表不得担任评标组长。④评标委员会由采购人代表和评审专家组成，成员人数应当为 5 人以上单数，其中评审专家不得少于成员总数的 2/3。采购项目符合下列情形之一的，评标委员会成员人数应当为 7 人以上单数：采购预算金额在 1 000 万元以上、技术复杂、社会影响较大。⑤评标方法分为最低评标价法和综合评分法，技术、服务等标准统一的货物服务项目，应当采用最低评标价法。⑥资格条件不得作为评审因素。⑦评标时，评标委员会各成员应当独立对每个投标人的投标文件进行评价，并汇总每个投标人的得分。货物项目的价格分值占总分值的比重不得低于 30％；服务项目的价格分值占总分值的比重不得低于 10％
定标	采购人根据评审结果确定中标供应商。应注意：①采购代理机构应当在评标结束后 2 个工作日内将评标报告送采购人；②采购人应当自收到评标报告之日起 5 个工作日内，在评标报告确定的中标候选人名单中按顺序确定中标人；③采购人应当自中标人确定之日起 2 个工作日内，在省级以上财政部门指定的媒体上公告中标结果，招标文件应当随中标结果同时公告；中标公告期限为 1 个工作日

竞争性谈判采购要点

项目	具体规定
竞争性谈判概念	竞争性谈判是指通过需求调查或者前期设计咨询，确定主要功能或者绩效目标和主要最低需求标准，需就相关内容与供应商协商谈判的采购方式
适用范围	符合下列情形之一的，应当采用竞争性谈判：①需要通过谈判细化解决方案，明确详细技术规格标准、服务具体要求或者其他商务指标的；②需要由供应商提供解决方案，通过谈判确定一种或多种解决方案，并细化解决方案内容的

采购程序	成立谈判小组	成立谈判小组并制定谈判文件，谈判文件应当包含采购项目基本情况、采购需求、供应商资格条件、采购估算价值或者采购最高限价等内容
	邀请供应商	采购人邀请供应商参加谈判
	谈判	谈判可分为单方案谈判和多方案谈判。按单方案谈判的，给予供应商的响应时间应当不少于1日；按多方案谈判的，给予供应商的响应时间应当不少于3日；谈判小组不得改变谈判文件中的最低需求标准、主要评审因素及其权重
	确定成交供应商	采购人根据谈判小组推荐的成交候选人确定成交供应商

询价采购要点

项目	具体规定
询价采购概念	询价是指对需求客观、明确,采购金额不大的货物、工程和服务,邀请供应商进行报价的采购方式
适用范围	符合下列情形之一的,可以采用询价方式采购:①规格、标准统一,货源充足的现货;②技术、服务标准统一,已有固定市场的服务和工程

采购程序		
	询价	采购人邀请供应商报价
	报价	供应商在等标期内进行报价
	确定成交供应商	询价小组采用最低评审价法确定成交候选人,采购人根据成交候选人确定成交供应商

单一来源采购要点

项目	具体规定
单一来源采购概念	单一来源是指采购人向唯一供应商采购的采购方式
适用范围	符合下列情形之一的，可以采用单一来源：①因需要委托特定领域具有领先地位的机构、自然人提供服务，或采购艺术品等原因，只能从唯一供应商处采购的；②发生了不可预见的紧急情况；③因清算等，仅在短时间内出现特别有利的采购的；④必须保证原有采购项目一致性或者服务配套的要求，需要继续从原供应商处添购，且添购资金总额不超过原合同采购金额10%的
采购程序	采购人与供应商遵循公开透明等原则，协商签订采购项目质量、数量、成交价格等

框架协议采购要点

项目	具体规定
框架协议采购概念	框架协议采购是指集中采购机构或者主管预算单位对技术、服务等标准明确、统一，需要多次重复采购的货物和服务，通过公开征集程序，确定第一阶段入围供应商并订立框架协议，采购人或者服务对象按照框架协议约定规则，在入围供应商范围内确定第二阶段成交供应商并订立采购合同的采购方式。框架协议采购包括封闭式框架协议采购（主要形式）和开放式框架协议采购
适用范围	符合下列情形之一的，可以采用框架协议：①集中采购目录以内品目，以及与之配套的必要耗材、配件等，属于小额零星采购的；②集中采购目录以外，采购限额标准以上，本部门、本系统行政管理所需的法律、评估、会计、审计等鉴证咨询服务，属于小额零星采购的；③集中采购目录以外，采购限额标准以上，为本部门、本系统以外的服务对象提供服务的政府购买服务项目，需要确定2家以上供应商由服务对象自主选择的；④国务院财政部门规定的其他情形

续表

项目		具体规定
采购程序	征集入围供应商	①采购人通过征集程序，确定第一阶段入围供应商并签订封闭式或者开放式框架协议。②封闭式框架协议采购方式下，集中采购机构或主管预算单位作为征集人应当编制征集文件、发布征集公告。③封闭式框架协议采购方式下，确定第一阶段入围供应商的评审方法包括价格优先法和质量优先法；有政府定价或指导价的项目，以及对质量有特别要求的检测、实验等仪器设备，可以采用质量优先法，其他项目应当采用价格优先法。④确定第一阶段入围供应商时，提交响应文件和符合资格条件、实质性要求的供应商应当均不少于2家；集中采购机构应当在入围通知书发出之日起30日内和入围供应商签订协议框架
	确定成交供应商	①封闭式框架协议采购方式下，确定第二阶段成交供应商的方式包括直接选定（主要方式）、二次竞价（适用于采用价格优先法的采购项目）和顺序轮候（适用于服务项目）；②以二次竞价或者顺序轮候方式确定成交供应商的，征集人应当在确定成交供应商后2个工作日内逐笔发布成交结果公告

竞争性磋商采购要点

项目	具体规定
竞争性磋商采购概念	竞争性磋商是指采购人、政府采购代理机构通过组建竞争性磋商小组与符合条件的供应商就采购货物、工程和服务事宜进行磋商，供应商按照磋商文件的要求提交响应文件和报价，采购人从磋商小组评审后提出的候选供应商名单中确定成交供应商的采购方式
适用范围	符合下列情形的项目，可以采用竞争性磋商：①政府购买服务项目；②技术复杂或者性质特殊，不能确定详细规格或者具体要求的；③因艺术品采购、专利、专有技术或者服务的时间、数量事先不能确定等原因不能事先计算出价格总额的；④市场竞争不充分的科研项目，以及需要扶持的科技成果转化项目；⑤按照招标投标法及其实施条例必须进行招标的工程建设项目以外的工程建设项目

采购程序	邀请磋商	通过随机或书面推荐邀请不少于3家符合相应资格条件的供应商参与竞争性磋商
	组建磋商小组	磋商小组由采购人代表和评审专家共3人以上单数组成，评审专家人数不得少于磋商小组成员总数的2/3

续表

项目		具体规定
采购程序	推荐供应商	采取采购人和评审专家书面推荐方式选择供应商的，采购人推荐供应商的比例不得高于推荐供应商总数的50%
	确定供应商	采购人不得擅自提高经费预算和资产配置等采购标准，磋商文件不得要求或者标明供应商名称或者特定货物的品牌；从竞争性磋商文件发出之日起至供应商提交首次响应文件截止之日止不得少于10日；磋商小组应当根据综合评分情况，按照评审得分由高到低顺序推荐3名以上成交候选供应商

（3）政府采购合同。

项目		具体规定
合同定价方式	固定价格	对于采购时可以准确估算采购成本的情形，采购人应当选择固定价格的合同定价方式。通用货物、工程和服务采购，应当采用固定价格定价方式
	成本补偿	对于合同履行中存在不确定性而无法准确估算采购成本，且无法适用任何固定价格的情形时，合同当事人可以按照固定酬金加供应商合同履行过程中产生的可列支成本签订合同价格，但不得超过合同规定的最高限价。创新采购合同、政府和社会资本合作合同可以采用成本补偿定价方式
合同签订与备案	合同签订依据	中标、成交供应商不得将合同转包给其他供应商；采购文件明确规定采购项目允许分包，中标、成交供应商就采购项目和分包项目向采购人负责，分包供应商就分包项目承担责任

续表

项目		具体规定
合同签订与备案	合同签订时间	采购人与中标、成交、入围供应商应当在中标、成交、入围通知书发出之日起 30 日内签订政府采购合同或框架协议
	合同形式	采购合同应当采用书面形式
	合同备案	采购人应当自政府采购合同签订之日起 7 个工作日内，将合同副本报同级政府采购监管部门备案。采购人可以在采购文件中要求中标、成交供应商提供履约保证金，履约保证金不得超过合同总价的 10%

（4）加强政府采购需求管理和执行管理。

政府采购需求管理

概念	政府采购需求管理，是指采购人组织确定采购需求和编制采购实施计划，并实施相关风险控制管理的活动
关于政府采购需求	①采购需求是指采购人为实现项目目标，拟采购的标的及其需要满足的技术、商务要求。 ②采购人可以在确定采购需求前，通过咨询、论证、问卷调查等方式开展需求调查。面向市场主体开展需求调查时，选择的调查对象一般不少于3个，并应当具有代表性。对于下列采购项目，应当开展需求调查：a. 1 000万元以上的货物、服务采购项目，3 000万元以上工程采购项目；b. 涉及公共利益、社会关注度较高的采购项目，包括政府向社会公众提供的公共服务项目等；c. 技术复杂、专业性较强的项目，包括需定制开发的信息化建设项目、采购进口产品的项目等

续表

关于政府采购实施计划	采购实施计划是指采购人围绕实现采购需求，对合同的订立和管理所做的安排。采购人应当通过确定供应商资格条件、设定评审规则等措施，落实支持创新、绿色发展、中小企业发展等政府采购功能。业绩情况作为资格条件时，要求供应商提供的同类业务合同一般不超过2个。涉及政府采购政策支持的创新产品采购的，不得提出同类业务合同、生产台数、使用时长等业绩要求。参与评分的指标应当是采购需求中的量化指标，价格因素应当按照相关规定确定分值和权重
关于风险控制	采购人应当建立健全采购需求管理制度，加强对采购需求的形成和实现过程的内部控制和风险管理

政府采购执行管理

优化采购活动办事程序	对于供应商法人代表已经出具委托书的，不得要求供应商法人代表亲自领购采购文件或到场参加开标、谈判等；对于采购人、采购代理机构可以通过互联网或者相关信息系统查到的信息，不得要求供应商提供

续表

细化采购活动执行要求	采购人允许采用分包方式履行合同的，应当在采购文件中明确可以分包履行的具体内容、金额或者比例；实现电子化采购的，采购人应当向供应商免费提供电子采购文件
规范保证金收取和退还	收取履约保证金的，应当在采购合同中约定履约保证金退还的方式、时间、条件和不予退还的情形
及时支付采购资金	对于满足合同约定支付条件的，采购人应当自收到发票后30日内将资金支付到合同约定的供应商账户
完善对供应商的利益损害赔偿和补偿机制	对于因采购人原因导致变更、中止或者终止政府采购合同的，采购人应当依据合同约定对供应商受到的损失予以赔偿或者补偿

（5）政府采购的基本政策、特殊规定。

基本政策要求	①政府采购活动中，采购人员及相关人员与供应商有利害关系的，必须回避。供应商认为采购人员及相关人员与其他供应商有利害关系的，可以申请其回避。这里的相关人员，包括招标采购中评标委员会的组成人员、竞争性谈判采购中谈判小组的组成人员、询价采购中询价小组的组成人员等。 ②除需要采购的货物、工程或服务在中国境内无法获取或者无法以合理的商业条件获取、为在中国境外使用而进行采购、法律法规另有规定的情况外，政府采购应当采购本国货物、工程和服务。 ③政府采购应当落实国家安全要求，执行法律法规有关国家安全的产品标准、供应商资格条件、知识产权、信息发布和数据管理等规定。 ④政府采购应当支持应用科技创新，推动创新产品研发和应用。 ⑤政府采购应当促进中小企业发展，提高中小企业在政府采购中的合同份额
特殊规定	①采购人在政府采购活动中，应当优先购买自主创新产品，按照《政府采购自主创新产品目录》中的货物和服务编制自主创新产品政府采购预算。采购人在预算执行过程中因购买自主创新产品确需超出采购预算的，可按规定程序申请调整预算。

续表

特殊规定	②采购人用财政性资金进行采购的，应当优先采购节能产品，逐步淘汰低能效产品。 ③采购人用财政性资金进行采购的，应当优先采购环境标志产品，不得采购危害环境及人体健康的产品。 ④采购人采购进口产品时，应当坚持有利于本国企业自主创新或消化吸收核心技术的原则，优先购买向我方转让技术、提供培训服务及其他补偿贸易措施的产品。政府采购进口产品应当以公开招标为主要方式。政府采购进口产品合同履行中，采购人确需追加与合同标的相同的产品，所有补充合同的采购金额不超过原合同采购金额 10% 的，可以与供应商协商签订补充合同，不需要重新审核

【要点8】国有资产管理

（1）行政单位国有资产管理规定。

资产配置	购置有规定配备标准的资产，单位负责人审核同意后报同级财政部门审批；经审批同意，各单位可以将资产购置项目列入单位年度部门预算，并在编制年度部门预算时将批复文件和相关材料一并报同级财政部门，作为审批部门预算的依据
资产使用	①行政单位不得用国有资产对外投资或者设立营利性组织，不得用国有资产对外担保，法律另有规定的除外； ②行政单位不得以任何形式用占有、使用的国有资产举办经济实体； ③行政单位拟将占有、使用的国有资产对外出租、出借的，须事先上报同级财政部门审核批准； ④行政单位出租、出借的国有资产，其所有权性质不变，仍归国家所有；所形成的收入，在扣除相关税费后及时、足额上缴国库
资产处置	①行政单位处置国有资产应当严格履行审批手续，未经批准不得处置； ②行政单位国有资产出售与置换应当采取拍卖、招投标、协议转让等方式，处置变价收入和残值收入，按照政府非税收入管理的规定，在扣除相关税费后及时、足额上缴国库

（2）事业单位国有资产管理规定。

资产配置	①用财政性资金购置规定限额以上资产的，除国家另有规定外，应当报经主管部门审核，主管部门审核后报同级财政部门审批； ②用其他资金购置规定限额以上资产的，须报主管部门审批，主管部门应当将审批结果定期报同级财政部门备案
资产使用	①事业单位以国有资产对外投资、出租、出借和担保等，应当进行必要的可行性论证，并经主管部门审核同意后，报同级财政部门审批；法律、行政法规另有规定的，依照其规定。事业单位应严格控制出租出借国有资产行为，原则上实行公开竞价招租，必要时可以采取评审或资产评估等方式确定出租价格。国家设立的研发机构、高校对其持有的科研成果，可以自主决定转让、许可或作价投资，不需报主管部门、财政部门审批或备案。 ②事业单位对外投资收益以及利用国有资产出租、出借和担保等取得的收入，应当纳入单位预算，统一核算、统一管理；国家另有规定的除外（如中央级的要上缴）。 ③国家设立的研发机构、高校转化科研成果所获得的收入全部留归本单位

续表

资产处置	①事业单位处置国有资产，应当严格履行审批手续，未经批准不得自行处置。 ②事业单位占有、使用的房屋建筑物、土地和车辆的处置，货币性资产损失的核销，以及单位价值或者批量价值在规定限额以上的资产的处置，须经主管部门审核后报同级财政部门审批；规定限额以下的资产的处置，应当报主管部门审批，主管部门将审批结果定期报同级财政部门备案。 ③事业单位出售、出让、转让、变卖资产数量较多或者价值较高的，应当通过拍卖等市场竞价方式公开处置。 ④事业单位国有资产处置收入属于国家所有，应当按照政府非税收入管理的规定，实行"收支两条线"管理

（3）行政事业单位国有资产的盘活（新增）。

项目	具体内容
优化在用资产管理	最大限度发挥在用资产使用价值，以最精简的资产保障单位履职和事业发展

续表

项目	具体内容
推进资产共享共用	按规定将国家重大科研基础设施和大型科研仪器纳入科研设施与仪器国家网络管理平台,通过平台向社会开放共享
加强资产调剂	闲置资产优先在本单位、本部门内部调剂利用;对使用价值大、利用范围广的闲置资产,积极推进跨部门、跨地区、跨级次资产调剂
实施公物仓管理	建立公物仓管理机制,将低效、闲置资产、大型会议、临时机构配置资产等,纳入公物仓集中管理、调配使用
开展资产出租、处置	按规定权限批准后对外出租或出售;以市场化方式出租、出售的,可以通过公共资源交易平台进行
探索资产集中运营管理	探索国有资产统一管理、市场化运营的盘活方式,整合低效、闲置资产,实行专业化、市场化运营和管理

（4）事业单位资产评估。

项目	需要评估的事项
事业单位	事业单位有下列情形之一的，应当对相关国有资产进行评估：①整体或者部分改制为企业；②以非货币性资产对外投资；③合并、分立、清算；④资产拍卖、转让、置换；⑤整体或者部分资产租赁给非国有单位；⑥确定涉讼资产价值；⑦法律、行政法规规定的其他需要进行评估的事项

（5）资产清查。

项目	相关规定
盘盈	财政部门批复、备案前的资产（含账外资产）盘盈可以按照财务、会计制度的有关规定暂行入账，待财政部门批复、备案后，再进行相应账务调整和处理
资产损失、资金挂账	财政部门批复、备案前的资产损失和资金挂账，单位不得自行进行账务处理，待财政部门批复、备案后，进行账务处理

（6）国有资产报告。

项目	相关规定
国有资产报告的概念	行政事业单位国有资产报告，是指行政事业单位年度终了，根据资产管理、预算管理等工作需要，在日常管理基础上编制报送的反映行政事业单位年度资产占有、使用、变动等情况的文件，包括行政事业单位资产报表、填报说明和分析报告
国有资产报告的编报	行政事业单位应当在做好财务管理、会计核算的基础上，全面盘点资产情况，完善资产卡片数据，编制资产报告，并按照财务隶属关系逐级上报。单位负责人对本单位编制的资产报告的真实性、准确性和完整性负责

（7）中央级事业单位国有资产管理的特殊规定。

①中央级事业单位国有资产处置。

项目	相关规定
处置权限	a. 处置单位价值或批量价值（账面原值，下同）1500万元以上（含1500万元）的国有资产，应当经各部门审核同意后报财政部当地监管局审核，审核通过后由各部门报财政部审批。b. 处置单位价值或批量价值1500万元以下的国有资产，由各部门自行审批。各部门所属中央级事业单位应当在规定权限内根据实际及时处置国有资产，1个月内分散处置的国有资产原则上按同一批次汇总计算批量价值。c. 各部门所属高等院校国有资产处置，由各部门审批。其中，已达使用年度并且应淘汰报废的国有资产，由高校自主处置，并将处置结果按季度报各部门备案。d. 国家设立的中央级研究开发机构、高校对持有的科技成果，可以自主决定转让，不需要报各部门和财政部审批或备案。e. 国家设立的中央级研发机构、高校以科技成果作价投资形成的国有股权无偿划转、转让、损失核销等处置事项，由各部门审批

续表

项目	相关规定
处置方式	中央级事业单位国有资产处置方式包括无偿划转、对外捐赠、转让、置换、报废、核销损失等。应注意：a. 对外捐赠应当利用本单位闲置资产或淘汰且具有使用价值的资产，不得新购资产用于对外捐赠；同一部门上下级单位之间和部门所属单位之间，不得相互捐赠资产。b. 转让国有资产，以财政部核准或备案的资产评估报告所确认的评估价值作为确定低价的参考依据，意向交易价格低于评估结果 90% 的，应当报资产评估报告核准或备案部门重新确认后交易。③资产置换，应当以财政部、各部门核准或备案的资产评估报告所确认的评估价值作为置换对价的参考依据
处置收入	a. 中央级事业单位国有资产处置收入，应当在扣除相关税金、资产评估费、拍卖佣金等费用后，按照政府非税收入和国库集中收缴管理有关规定上缴中央国库；土地使用权转让收益以及占地补偿收益，按照财政部有关规定上缴中央国库。 b. 各部门所属高校自主处置已达使用年限且应淘汰报废的国有资产取得收益，留归高校，纳入单位预算，统一核算，统一管理；国家设立的中央级研发机构、高校转化科技成果获得的收入全部留归本单位，纳入单位预算，统一核算，统一管理，主要用于对完成和转化职务科技成果作出重要贡献人员的奖励和报酬、科学技术研发与成果转化等相关工作。

续表

项目	相关规定
处置收入	（3）中央级事业单位利用国有资产对外投资形成的股权处置收入，除按中央国有资本经营预算有关规定申报、上交的国有资本收益和国家另有规定外，按以下规定管理：第一，利用货币资金对外投资形成股权处置收入纳入单位预算，统一核算，统一管理；第二，国家设立的中央级研发机构、高校利用科技成果作价投资形成股权的处置收入纳入单位预算，统一核算，统一管理；第三，利用其他国有资产对外投资形成的股权的处置收入，扣除投资收益以及相关税费后，及时上缴中央国库，投资收益纳入单位预算，统一核算，统一管理；第四，统筹利用货币资金、科技成果和其他国有资产混合对外投资形成的股权的处置收入，按照上述第一至第三项的有关规定分别处理（按比例上缴或留本单位）
处置监督检查与法律责任 监督检查	财政部对中央级事业单位国有资产处置情况进行监督检查
法律责任	财政部、各部门、中央级事业单位及其工作人员在国有资产处置管理工作中，存在违反规定等行为，按有关规定追究责任；构成犯罪的，依法追究刑事责任

②中央级事业单位国有资产出租、出借。

项目	相关规定
审批权限	中央级事业单位国有资产出租、出借，资产单项或批量价值在800万元人民币以上（含800万元）的，经主管部门审核后报财政部审批；资产单项或批量价值在800万元以下的，由主管部门按照有关规定进行审批，并于15个工作日内将审批结果（一式三份）报财政部备案
过程管理	中央级事业单位国有资产出租，原则上应采取公开招租的形式确定出租价格，必要时可采取评审或资产评估的办法确定出租价格。中央级事业单位利用国有资产出租、出借的，期限一般不得超过5年
出租、出借收入	中央级事业单位国有资产出租、出借取得的收入，应按照预算管理及事业单位财务管理和会计制度的有关规定纳入单位预算，统一核算，统一管理

【要点9】预算绩效管理

项目	具体内容
绩效目标及其分类	绩效目标包括基本支出绩效目标、项目支出绩效目标和部门整体支出绩效目标；按照时效性，绩效目标包括中长期绩效目标和年度绩效目标
绩效目标与绩效指标的设定	（1）绩效目标设定：**未按要求设定绩效目标的项目支出，不得纳入项目库管理**，也不得申请部门预算资金。按照"谁申请资金，谁设定目标"的原则，绩效目标由中央部门及其所属单位设定。设定的绩效目标应符合以下要求：①指向明确；②**细化量化**；③合理可行；④相应匹配。 （2）绩效目标设定的方法：分别项目支出绩效目标、部门整体支出绩效目标设定。 （3）绩效目标设定的程序：分别按照基层单位设定目标、中央部门设定绩效目标走程序。 （4）项目绩效指标设定：①设定思路：明确项目绩效目标、分解细化指标、设置指标值、加强指标衔接；②设置原则：高度关联、重点突出、量化易评；

续表

项目	具体内容
绩效目标与绩效指标的设定	③绩效指标类型：成本指标、产出指标、效益指标、满意度指标；④绩效指标的具体编制：绩效指标名称及解释、绩效指标来源、指标值设定依据、指标完成值取值方式、指标完成值数据来源、绩效指标分值权重、绩效指标赋分规则、绩效指标佐证资料要求
绩效目标的审核	按照**"谁分配资金，谁审核目标"**的原则，绩效目标由财政部或中央部门按照预算管理级次进行审核。审核符合要求后，方可进入项目库，并进入下一步预算编审流程
绩效目标的批复与调整	按照**"谁批复预算，谁批复目标"**的原则，财政部和中央部门在批复年初部门预算或调整预算时，一并批复绩效目标。绩效目标确定之后，一般不予调整，预算执行中因特殊原因确需调整的，应按照绩效目标管理要求和预算调整流程报批

续表

项目	具体内容
绩效监控	绩效监控由财政部门统一组织、中央部门分级实施，按照"谁支出，谁负责"的原则，预算执行单位负责开展预算绩效日常监控。 （1）绩效监控范围和内容：①监控范围：中央部门绩效监控范围涵盖中央部门一般公共预算、政府性基金预算和国有资本经营预算所有项目支出；②监控内容包括：绩效目标完成情况、预算资金执行情况、重点政策和重大项目绩效延伸监控。 （2）绩效监控方式和流程：①监控方式：采用目标比较法，用定量分析和定性分析相结合的方式，将绩效实现情况与绩效目标进行比较，对目标完成、预算执行、组织实施、资金管理等情况进行分析评判；②监控流程：每年8月，中央部门要集中对1~7月预算执行情况和绩效目标实现程度开展一次绩效监控汇总分析。 （3）绩效监控结果应用：监控结果作为以后年度预算安排和政策制定的参考
绩效评价	以项目支出绩效评价为例，绩效评价相关政策和要求如下： （1）绩效评价分类：分为单位自评、部门评价和财政评价。 （2）绩效评价原则：科学公正、统筹兼顾、激励约束、公开透明。

项目	具体内容
绩效评价	（3）绩效评价依据：国家相关法律、法规和规章制度、部门职责相关规定、项目设立的政策依据和目标等。 （4）绩效评价的对象和内容：①单位自评的对象包括纳入政府预算管理的所有项目支出；②单位自评的内容主要包括项目总体绩效目标、各项绩效指标完成情况以及预算执行情况，对未完成绩效目标要分析并说明原因，提出改进措施。 （5）绩效评价指标、标准和方法：①单位自评指标：单位自评指标是指预算批复时确定的绩效指标，包括项目的产出数量、质量、时效、成本，以及经济效益、社会效益、生态效益、可持续影响、服务对象满意度等。原则上预算执行率和一级指标权重统一设置为：预算执行率10%、产出指标50%、效益指标30%、服务对象满意度指标10%。②绩效评价标准通常包括计划标准、行业标准、历史标准等。③单位自评采用定量与定性评价相结合的比较法，总分由各项指标得分汇总形成。定量指标得分按照以下方法评定：与年初指标值相比，完成指标值的，记该指标所赋全部分值；对完成值高于指标值较多的，要分析原因，如果是由于年初指标值设定明显偏低造成的，要按照偏离度适度调减分值；未完成指标值的，按照完成值与指标值的比例记分。定性指标得分按照以下方法评定：根据指标完成情况分为达成年度指标、部分达成年度指标并具有

续表

项目	具体内容
绩效评价	一定效果、未达成年度指标且效果较差三档，分别按照该指标对应分值区间100%～80%（含）、80%～60%（含）、60%～0合理确定分值。 （6）绩效评价的组织管理和实施：财政部门负责拟定绩效评价制度办法，各部门负责制定本部门绩效评价办法，部门本级和所属单位按照要求具体负责自评工作。 （7）绩效评价结果应用及公开：单位自评结果主要通过项目支出绩效自评表的形式反映，部门和单位应切实加强自评结果的整理、分析，将自评结果作为本部门、本单位完善政策和改进管理的重要依据

【要点10】行政事业单位内部控制

（1）行政事业单位业务层面内部控制。

预算业务控制

主要风险	①预算编制过程短，时间紧张，准备不充分，可能导致预算编制质量低；财务部门与其他职能部门之间缺乏有效沟通，可能导致预算编制与预算执行、预算管理与资产管理、政府采购和基建管理等经济活动脱节；预算项目不细、编制粗糙，随意性大，可能导致预算约束不够。 ②单位内部预算指标分解批复不合理，可能导致内部各部门财权与事权不匹配，影响部门职责的履行和资金使用效率。 ③未按规定的额度和标准执行预算，资金收支和预算追加调整随意无序，存在无预算、超预算支出等问题，可能会影响预算的严肃性；不对预算执行进行分析，沟通不畅，可能导致预算执行进度偏快或偏慢。 ④未按规定编制决算报表，不重视决算分析工作，可能导致预算管理的效率低下；未按规定开展预算绩效管理，评价结果未得到有效应用，可能导致预算管理缺乏监督

续表

关键控制措施	预算编制环节	①落实单位内部各部门的预算编制责任； ②采取有效措施确保预算编制的合规性； ③建立单位内部部门之间沟通协调机制； ④完善编制方法，细化预算编制； ⑤强化相关部门的审核责任； ⑥重大预算项目采取立项评审方式
	预算批复环节	①明确预算批复的责任； ②合理进行内部预算指标分解； ③合理采用内部预算批复方法； ④严格控制内部预算追加调整
	预算执行环节	①预算执行申请控制； ②预算执行审核和审批控制； ③资金支付控制； ④预算执行分析控制
	决算评价环节	①决算控制； ②绩效评价控制

收入业务控制

主要风险	①各项收入未按照法定项目和标准征收，或者收费许可证未经有关部门年检，可能导致收费不规范或乱收费的风险； ②未由财务部门统一办理收入业务，其他部门和个人未经批准办理收款业务，可能导致贪污舞弊或者私设"小金库"的风险； ③违反"收支两条线"管理规定，截留、挪用、私分应缴财政的收入，或者各项收入不入账或设立账外账，可能导致私设"小金库"或者资金体外循环的风险； ④执收部门和财会部门沟通不够，单位没有掌握所有收入项目的金额和时限，造成应收未收，可能导致单位利益受损的风险； ⑤没有加强对各类票据、印章的管控和落实保管责任，可能导致票据丢失、相关人员发生错误或舞弊的风险
关键控制措施	①对收入业务实施归口管理，明确由财会部门归口管理各项收入并进行会计核算，严禁设立账外账； ②严格执行"收支两条线"管理规定，有政府非税收入收缴职能的单位，应当按照规定项目和标准征收政府非税收入，按照规定开具财政票据，做到收缴分离、票款一致，并及时、足额上缴国库或财政专户，不得以任何形式截留、挪用或者私分；

续表

关键控制措施	③建立收入分析和对账制度，财会部门对收入征收情况的合理性进行分析，判断有无异常情况； ④建立健全票据管理制度，财政票据、发票等各类票据的申领、启用、核销、销毁均应履行规定手续

支出业务控制

主要风险	①支出申请不符合预算管理要求，支出范围及开支标准不符合相关规定，基本支出与项目支出之间相互挤占，可能导致单位预算失控或者经费控制目标难以实现的风险； ②支出未经适当的审批、重大支出未经单位领导班子集体研究决定，可能导致错误或舞弊的风险； ③支出不符合国库集中支付、政府采购、公务卡结算等国家有关政策规定，可能导致支出业务违法违规的风险；

续表

主要风险	④采用虚假或不符合要求的票据报销，可能导致虚假发票套取资金等支出业务违法违规的风险； ⑤对各项支出缺乏定期的分析与监控，对重大问题缺乏应对措施，可能导致单位支出失控的风险
关键控制措施	①明确各支出事项的开支范围和开支标准； ②加强支出事前申请控制； ③加强支出审批控制，各项支出都应经过规定的审批才能向财会部门申请资金支付或者办理报销手续，不得越权审批 ④加强支出审核控制，重点审核单据来源是否合法，内容是否真实、完整，使用是否准确，是否符合预算，审批手续是否齐全； ⑤加强资金支付和会计核算控制； ⑥加强支出业务分析控制，单位应定期编制支出业务预算执行情况分析报告，对于支出业务中发现的异常情况，应及时采取有效措施

债务业务控制

主要风险	①未经充分论证或者未经集体决策，擅自对外举借大额债务，可能导致不能按期还本付息、单位利益受损的风险； ②债务管理和监控不严，债务的详细情况不清，没有做好还本付息的相关安排，可能导致单位利益受损或者财务风险； ③债务没有按照国家统一的会计制度规定纳入单位会计核算，形成账外债务，可能导致单位财务风险
关键控制措施	①**不相容岗位分离控制**。单位应当指定专门部门或者岗位负责债务管理，明确相关岗位的职责权限，实施不相容岗位相互分离，确保债务管理与资金收付、债务管理与债务会计核算、债务会计核算与资金收付等不相容岗位相互分离，**不得由一人办理债务业务的全过程。** ②**授权审批控制**。单位应当建立举借和偿还债务的审批程序，大额债务的举借和偿还属于**重大经济事项**，应当进行充分论证，并**由单位领导班子集体研究决定后，按国家有关规定履行报批手续**。 ③**日常管理控制**。单位应当做好债务的会计核算和档案保管工作，加强债务的对账和检查控制，定期与债权人核对债务余额，进行债务清理，防范和控制财务风险

政府采购业务控制

主要风险	①政府采购、资产管理和预算编制部门之间缺乏沟通协调，没有编制采购预算和计划，政府采购预算和计划编制不合理，可能导致采购失败或者资金、资产浪费的风险； ②政府采购活动不规范，在招投标中存在舞弊行为，可能导致单位被提起诉讼或受到处罚、采购的产品价高质次、单位资金损失等风险； ③采购验收不规范，付款审核不严格，可能导致实际接收产品与采购合同约定有差异、资金损失或单位信用受损等风险； ④采购业务相关档案保管不善，可能导致采购业务无效、责任不清等风险
关键控制措施	①合理设置政府采购业务管理机构和岗位：一般应当设置政府采购业务决策机构、政府采购业务实施机构，并在设置上确保不相容岗位互相分离。 ②采购预算与计划管理：按照"先预算、后计划、再采购"的工作流程，先填报集中采购预算，经批复同意并录入采购计划后，方可实施采购。 ③采购活动管理：对政府采购活动实施归口管理，在政府采购活动中建立政府采购、资产管理、财务、内部审计、纪检监察等部门或岗位相互协调、相互制约的机制。 ④采购项目验收管理。单位应当加强对政府采购项目验收的管理，根据规定的验收制度和政府采购文件，由指定部门或专人对所购物品的品种、规格、数量、质量和其他相关内容进行验收，并出具验收证明。

续表

关键控制措施	⑤质疑投诉答复管理：指定牵头部门负责、相关部门参加，按照国家有关规定做好政府采购业务质疑投诉答复工作。 ⑥采购业务记录控制：妥善保管政府采购预算与计划、各类批复文件、招标文件、投标文件、评标文件、合同文本、验收证明等政府采购业务相关资料。 ⑦涉密采购项目管理：规范涉密项目的认定标准和程序。对于涉密政府采购项目，单位应当与相关供应商或采购中介机构签订保密协议或者在合同中设定保密条款

货币资金控制

主要风险	①财务部门未实现不相容岗位相互分离，出纳人员既办理资金支付又经管账务处理，由一个人保管收付款项所需的全部印章，可能导致货币资金被贪污挪用的风险； ②对资金支付申请没有严格审核把关，支付申请缺乏必要的审批手续，大额资金支付没有实行集体决策和审批，可能导致资金被非法套取或者被挪用的风险；

续表

主要风险	③货币资金的核查控制不严，未建立定期、不定期抽查核对库存现金和银行存款余额的制度，可能导致货币资金被贪污挪用的风险； ④未按照有关规定加强银行账户管理，出租、出借账户，可能导致单位违法违规或者利益受损的风险
关键控制措施	①不相容岗位分离控制：不得由一人办理货币资金业务的全过程，确保不相容岗位相互分离，出纳不得兼管稽核、会计档案保管和收入、支出、债权、债务账目的登记工作，严禁一人保管收付款项所需的全部印章，严格履行签字或盖章手续； ②授权审批控制：建立货币资金授权制度和审核批准制度，审批人应当根据货币资金授权批准制度的规定，在授权范围内进行审批，不得超越权限审批，大额资金支付审批应当实行集体决策； ③银行账户控制：严格按照规定的审批权限和程序开立、变更和撤销银行账户，禁止出租、出借银行账户； ④货币资金核查控制：指定不办理货币资金业务的会计人员定期和不定期抽查盘点库存现金，核对银行存款余额，抽查银行对账单、银行日记账及银行存款余额调节表，核对是否账实相符、账账相符

实物资产和无形资产控制

主要风险	①资产管理职责不清，没有明确归口管理部门，没有明确资产的使用和保管责任，可能导致资产毁损、流失或被盗的风险； ②未按照国有资产管理相关规定办理资产的调剂、租借、对外投资、处置等业务，可能导致资产配备超标、资源浪费、资产流失、投资遭受损失等风险； ③资产管理不严，没有建立资产台账和定期盘点制度，可能导致资产流失、资产信息失真、账实不符等风险； ④资产日常维护不当、长期闲置，可能导致资产使用年限减少、使用效率低下的风险； ⑤对应当投保的资产不办理投保，不能有效防范资产损失的风险
关键控制措施	①明确各种资产的归口管理部门； ②明确资产使用和保管责任人； ③按照国有资产管理相关规定，明确资产的调剂、租借、对外投资、处置的程序、审批权限和责任； ④建立资产台账，加强资产的实物管理； ⑤建立资产信息管理系统，做好资产的统计、报告、分析工作，实现对资产的动态管理

对外投资控制

主要风险	①未按国家有关规定进行投资，可能导致对外投资失控、国有资产重大损失甚至舞弊； ②对外投资决策程序不当，未经集体决策，缺乏充分可行性论证，超过单位的资金实力进行投资，可能导致投资失败和财务风险； ③没有明确管理责任、建立科学有效的资产保管制度，没有加强对投资项目的追踪管理，可能导致对外投资被侵吞或者严重亏损
关键控制措施	①投资立项控制：对项目可行性要进行严格周密论证； ②投资决策控制：由单位领导班子集体研究决定后，按国家有关规定履行报批手续； ③投资实施控制：编制投资计划，严格按照计划确定的项目、进度、时间、金额和方式投出资产； ④追踪管理控制：对于股权投资，单位应当指定部门或岗位对投资项目进行跟踪管理； ⑤建立责任追究制度：对在对外投资中出现重大决策失误、未履行集体决策程序和不按规定执行对外投资业务的部门及人员，应当追究相应的责任

建设项目控制

主要风险	①立项缺乏可行性研究或者可行性研究流于形式、决策不当、审批不严、盲目上马，可能导致建设项目难以实现预期目标甚至导致项目失败； ②违规或超标建设楼、堂、馆、所，可能导致财政资金极大浪费或者单位违纪； ③项目设计方案不合理，设计深度不足，概预算脱离实际，技术方案未能有效落实，可能导致建设项目质量存在隐患、投资失控以及项目建成后运行成本过高等风险； ④招投标过程中存在串通、"暗箱操作"或商业贿赂等舞弊行为，可能导致中标价格不实、中标人实际难以胜任等风险； ⑤项目变更审核不严格、工程变更频繁，可能导致费用超支、工期延误等风险； ⑥建设项目价款结算管理不严格，价款结算不及时，项目资金不落实、使用管理混乱，可能导致工程进度延迟或中断、资金损失等风险； ⑦竣工验收不规范、最终把关不严，可能导致工程交付使用后存在重大隐患； ⑧虚报项目投资完成额、虚列建设成本或者隐匿结余资金，未经竣工财务决算审计，可能导致竣工决算失真等风险； ⑨建设项目未及时办理资产及档案移交、资产未及时结转入账，可能导致存在账外资产等风险

续表

关键控制措施	①立项、设计与概预算控制：对项目建议和可行性研究报告的编制、项目决策程序等作出明确规定，确保项目决策科学、合理；择优选取具有相应资质的设计单位并签订合同；建立与建设项目相关的审核机制； ②招标控制：依照国家有关规定组织建设项目招标工作； ③工程价款支付控制：按照审批单位下达的投资计划和预算对建设项目资金实行专款专用； ④工程变更控制：经批准的投资概算是工程投资的最高限额，未经批准，不得调整和突破； ⑤项目记录控制：加强对建设项目档案的管理； ⑥竣工验收控制：按照规定的时限及时办理竣工决算

合同控制

主要风险	教材列出 12 个风险，但从来不考，略

续表

关键控制措施	①合同订立控制：明确合同订立的范围和条件，严禁未经授权擅自以单位名义对外签订合同； ②合同履行控制：对合同履行情况实施有效监控； ③合同登记控制：定期对合同进行统计、分类和归档，详细登记合同的订立、履行和变更情况，实行对合同的全过程管理； ④合同纠纷控制：合同发生纠纷的，单位应当在规定时效内与对方协商谈判

（2）行政事业单位内部控制报告。

概念	内部控制报告，是指行政事业单位在年度终了，结合本单位实际情况，依据相关规定编制的能够综合反映本单位内部控制建立与实施情况的总结性文件。单位主要负责人对本单位内部控制报告的真实性和完整性负责
编制原则	①全面性原则；②重要性原则；③客观性原则；④规范性原则

续表

内部控制报告的编制与报送	①行政事业单位：年度终了，行政事业单位应当按照本制度的有关要求，根据本单位当年内部控制建设工作的实际情况及取得的成效，以能够反映内部控制工作基本事实的相关材料为支撑，按照财政部发布的统一报告格式编制内部控制报告，经本单位主要负责人审批后对外报送。 ②部门行政事业单位：各部门应当在所属行政事业单位上报的内部控制报告和部门本级内部控制报告的基础上，汇总形成本部门行政事业单位内部控制报告。 ③地区行政事业单位：地方各级财政部门应当在下级财政部门上报的内部控制报告和本地区部门内部控制报告的基础上，汇总形成本地区行政事业单位内部控制报告
报告的使用	行政事业单位应当加强对本单位内部控制报告的使用，通过对内部控制报告中反映的信息进行分析，及时发现内部控制建设工作中存在的问题，进一步健全制度，提高执行力，完善监督措施，确保内部控制有效实施
报告的监督检查	各地区、各部门汇总的内部控制报告报送后，各级财政部门、各部门应当组织开展对所报送的内部控制报告内容的真实性、完整性和规范性进行监督检查

第十一章　会计财务相关问题

☞ 掌握财务共享服务的实现路径

☞ 掌握业财融合的途径

☞ 掌握财会监督的原则与工作要求

☞ 掌握财会监督的体系与内容

☞ 掌握财会监督的机制与方式

☞ 熟悉财务共享服务的类型

☞ 熟悉财务共享背景下的主要业务流程

☞ 熟悉业财融合的意义与目标

☞ 熟悉业财融合的内容

☞ 熟悉财会监督的意义与定位

【要点1】财务共享服务的含义和类型

（1）财务共享服务的兴起与含义。

项目	内　容
兴起	经济全球化带来跨国企业的蓬勃发展，企业规模越来越大，庞大的组织和广阔的地域分布给跨国企业的财务管理带来了一定的挑战，如会计处理效率低下、会计信息的可靠性不如人意、会计处理成本居高不下、企业集团管控力度降低等。为解决这些问题，美国福特公司等企业从 20 世纪 80 年代开始尝试采用财务共享服务推动企业财务管理变革；2000 年后中国企业开始了财务共享服务的建设
含义	财务共享是企业集团在组织中进行的一项财务管理变革，企业在集团层面成立财务共享服务中心，将集团内分、子公司原来分散的财务职能，如报账、核算、结算、报表编制、会计档案管理等，集中在财务共享服务中心，使各分、子公司共享服务中心的财务处理服务，以促进企业集团降低财务管理成本、提高财务工作效率、保证会计信息质量、加强财务视角管控、提升财务服务体验度

（2）财务共享服务的类型。

分类		具体内容
按运作模式	成本中心模式	是指财务共享服务中心只是企业内部一个成本中心，仅为企业内部的分、子公司提供服务，不收取服务费用
	模拟利润中心模式	是指企业建设的财务共享服务中心仅对内提供服务，但是企业内部模拟市场交易，集团内部分、子公司为财务共享服务中心提供的财务服务付费，财务共享服务中心成为一个模拟的利润中心
	利润中心模式	是指企业建设的财务共享服务中心不仅对企业内部客户提供财务服务，同时为企业外部其他企业提供财务服务，财务共享服务中心成为一个来自企业内外部收入的利润中心

续表

分类		具体内容
按运作模式	独立经营模式	是指财务共享服务中心从企业集团中独立出来，依靠其专业技能和优质服务在市场上立足，收费也由市场决定，成为独立自主经营的公司
按覆盖范围	全范围财务共享服务中心	如果企业的财务共享服务中心处理的业务覆盖了企业集团全部的业务，就是全范围财务共享服务。比如，整个集团公司只设立一个财务共享服务中心，处理所有分、子公司的业务
	区域财务共享服务中心	如果企业财务共享服务中心处理的业务仅覆盖企业集团一定区域的业务，这时的财务共享服务就是区域财务共享服务。比如，甲集团公司建立华北财务共享服务中心、华东财务共享服务中心等
	专业财务共享服务中心	如果企业的财务共享服务中心处理的业务仅覆盖了企业集团的某类业务或某个板块的业务，这时的财务共享服务就是专业财务共享服务。比如，甲集团建立矿业财务共享服务中心、房地产财务共享服务中心、商贸财务共享服务中心等

【要点2】财务共享服务的实现路径

（1）明确财务共享服务的战略定位。

项目	内　容
建设财务共享服务是系统工程	企业集团建设财务共享服务不仅是信息系统的建设，而是一项系统工程，必须制定长远的战略规划，经过严谨地评估，科学地制订方案，一丝不苟地落实，才能实现既定的目标
战略定位需明确建设的根本目标	企业采用财务共享模式是一项重大变革，需要从战略的高度对其进行思考。战略定位需要明确建设财务共享服务的根本目标是什么，其是否与企业目前的经营战略匹配，是否符合未来发展的需要，作为一项变革是否有足够的人力、物力以及企业文化等资源支持
建设目标的内容	从战略定位来讲，常见的财务共享服务建设目标包括：提高业务处理效率，降低成本，加强管控，推进数字化转型等

（2）调整财务部门的职能分配。

公司（部门）	财务职能
分、子公司	分、子公司取消财务核算职能和岗位，仅保留财务分析、内控执行、报税、业务支持等职能和相应的人员，根据需要，每个分、子公司还可以配备专职或兼职的单据扫描员，负责将公司业务发生所产生的单据扫描上传系统
财务共享服务中心	财务共享服务中心主要承担集团范围的财务核算的职能，此外还可能根据需要承担财务分析职能、税务处理职能等。强调通过专业化分工提高效率，通常对集团内部的同类业务进行归并，将财务共享服务中心的人员分组，每组完成不同类别的业务
集团总部的财务管理部门	集团总部财务管理部门应将精力集中在政策规范制定、管理会计、投融资、税务筹划、内部稽核等职能上

（3）确定财务共享服务中心选址。

财务共享服务中心的选址是传统财务共享服务建设中比较重要的一环。在选址时企业需要考虑的因素：

因素	内　容
明确要建设的财务共享服务中心的种类	建设是种类按覆盖范围包括全范围、区域化、专业化三种类型
成本因素	人力成本、通信成本、房租成本等
环境因素	政策环境、发展能力和城市竞争力等
人力资源	教育资源、人员流动性、人力资源充沛性等
基础设施因素	交通、电信设施、自然环境等

（4）明确运营模式、建设相关制度、流程再造。

项目	内　容
明确财务共享服务中心的运营模式	财务共享服务中心按照运营模式可以分为成本中心模式、模拟利润中心模式、利润中心模式和独立经营模式，企业集团要明确其财务共享服务中心采用的运营模式，并在此基础上制定服务标准，如果财务共享服务中心要对服务对象收费，则要制定收费标准。另外，为了支持统一的服务标准，还需要制定服务水平协议等，作为财务共享服务中心的运营基础
建设财务共享服务相关制度	财务共享的建设必须要有制度的支撑，除了服务标准和服务水平协议外，企业还应制定财务共享中心赖以运行的其他制度和标准，如标准作业程序（SOP）、岗位手册、费用报销制度、费用报销标准、流程审批制度、绩效考核制度、运营管理制度、质量稽核制度
实施流程再造	流程再造是企业财务共享服务建设中的基础环节，企业集团需要根据财务共享建设目标，兼顾控制需求和效率，同时还要考虑信息系统执行的可行性，重新审视业务环节，统一业务活动、单据格式、操作要求等，合理设计标准化的业务流程

（5）完善信息系统建设。

信息系统		含义	功能
定位		为了达到财务共享服务的基本目标，企业需要建设与之匹配的信息系统。信息系统是财务共享服务实施的载体，支撑财务共享服务中心完成各项工作。企业集团需要在原有的信息系统的基础上进行改造和升级，包括新建支撑财务共享服务的核心系统，改造升级周边财务系统和相关业务系统，使其与再造后的业务流程匹配	
构成		常见的企业集团财务共享服务使用的信息系统架构通常包括：电子影像系统、网上报账系统、电子会计结案系统、会计核算系统、合并报表系统、资金管理系统、银企互联系统、预算控制系统和税务管理系统等。其中，四个核心子系统为：电子影像系统、网上报账系统、电子会计档案系统、会计核算系统	
核心子系统	电子影像系统	电子影像系统可以直接从销售系统、采购系统等业务系统中采集电子影像，也可以通过在业务发生地对实物单据拍照、扫描等方式采集电子影像，将电子影像提供给网上报账系统，支持财务共享服务中心对单据的电子审核，最终处理完毕的电子影像汇总至电子会计档案系统，同时还应进行实物单据和电子凭证的匹配归档	实现电子信息采集、影像处理和传输、集中存储和影像查询、调阅管理等功能

续表

信息系统		含义	功能
核心子系统	网上报账系统	网上报账系统是财务共享服务支撑板块的核心子系统，是财务共享服务中会计流程再造的关键所在。通过网上报账系统，可以实现 ERP 下各个业务模块和财务系统的集成。网上报账系统是财务共享服务模式下业务和财务的交互平台。网上报账系统前端是电子影像系统，实现业务数据和票据电子影像的采集；同时衔接预算管理系统，实现相关审核及审批；后端连接会计核算系统、税务管理系统和电子会计档案系统，实现业财税一体化和档案管理的电子化和自动化	实现业务申请管理、报账申请管理、业务审批管理、任务分配管理、财务审核管理和查询分析管理等功能
	电子会计档案系统	电子会计档案系统是将企业会计档案纳入系统管理，实现会计凭证和电子影像的自动匹配、分册，对电子会计档案的打印、归档、借阅、销毁全流程，以及纸质档案的档案上架、档案外借、档案归还等，进行系统内有迹可查的规范管理。电子会计档案系统从网上报账系统、电子影像系统获取单据影像等信息，从会计核算系统获取记账凭证、会计账簿、财务报表等信息	包括系统管理、归档管理、档案利用和档案借阅等功能模块

信息系统		含义	功能
核心子系统	会计核算系统	会计核算系统是会计核算板块的核心部分，前端连接网上报账系统进行数据抽取，生成会计核算数据；并与资金管理系统相连接，实现结算资金信息的传递；同时，还将会计核算数据传给合并报表系统、税务管理系统和电子会计档案系统，以完成相关业务活动	如总账系统依据从网上报账系统抽取的数据，完成凭证管理、记账、结账、对账、账簿查询和打印输出等作业；销售和应收管理、采购与应付管理、费用报销、存货核算、薪资核算、固定资产核算均有相应的功能

【要点3】财务共享背景下的主要业务流程

业务流程		内　　容
采购和付款	特点	程序复杂；单据和记录繁多。因业务量大、重复程度高、内控要求高，适合财务共享
	流程	包括五个步骤：业务审批流程→填单/扫描→FSSC 采购会计/复核→FSSC 出纳→FSSC 归档
费用报销	特点	数量庞大、程序烦琐、重复率高、金额小、单据格式不一。费用报销容易标准化，适合财务共享
	流程	包括四个步骤：填单/扫描→FSSC 费用会计/复核→FSSC 出纳→FSSC 归档
销售和收款	特点	程序复杂，单据和记录繁杂，工作量大且易出错。由于业务量大、重复度高、内控要求高，适合财务共享
	流程	包括四个步骤：业务审批→填单→FSSC 收入会计/复核→FSSC 归档

【要点4】"大智移云"在财务共享服务中的应用

(1) 使用 SaaS 云软件优化财务共享服务。

项目	具体内容
含义	软件运营服务（SaaS），是一种完全创新的软件应用模式，即厂商将应用软件统一部署在自己的服务器上，客户通过互联网向厂商租用所需的应用软件服务。在财务共享服务模式下，企业集团租用外部的 SaaS 云软件，取得 SaaS 云软件的使用权，从而获得云软件的业务处理服务
带来的革新	①企业通过云软件可以实现与上下游企业及政府税务系统之间的信息共享。②以高质量的电子数据作为记账依据，提升处理效率。③降低企业信息系统使用成本

（2）移动互联网在财务共享服务中的运用。

项目	具体内容
含义	移动互联网将移动通信和互联网结合起来，通过包括智能手机、平板电脑等在内的智能移动终端和企业服务器、计算机等进行信息交互。移动互联网让企业业务流程的5A模式成为可能，即任何人可在任何时间、任何地点，通过任何设备接入互联网，可以处理与业务相关的任何事情
给财务共享带来的影响	①随时随地处理，快速响应。 ②方便快捷，提升用户体验。

（3）机器人流程自动化（RPA）在财务共享中的应用。

项目	具体内容
含义	机器人流程自动化（robotic process automation，RPA）是以机器人作为虚拟劳动力，依据预先设定的程序与现有用户系统进行交互并完成预期的任务。它是可以模仿人在计算机上的操作，重复执行大量标准化业务的软件，适用于：①高频且大量数据处理；②人工处理易错的业务；③涉及多个异构系统的操作；④业务规则明确且流程固定的业务
优点	①能处理大量、重复性的工作，还能 24 小时不间断地执行任务，大大降低了人力成本，提升了工作效率。 ②能做到零出错，避免人为造成的错误。 ③非侵入式的程序，其应用不改变原有的 IT 结构和系统

（4）大数据分析和数据可视化在财务共享服务中的应用。

项目	具体内容
大数据分析	①含义：随着互联网的发展，无所不在的移动设备、数以亿计的互联网用户时时刻刻都在产生数据，在数据海量化、类型繁多的背景下，大数据技术应运而生。大数据技术不仅要求企业在全流程、全生命周期的数据层面快速协同，而且需要融合上下游供应链合作伙伴的数据，随着数据技术从关系型数据库到数据仓库、联机分析，再到数据挖掘和可视化。 ②作用：帮助企业从海量数据中挖掘有价值的信息，支持企业管理者作出更明智的战略及经营决策；数据将成为企业重要的资产，形成企业的核心竞争力
数据可视化	①含义：数据可视化是与数据分析密切联系在一起的，数据可视化借助于图形化手段，清晰有效地传达与沟通信息。可视化的目标是有效呈现数据的重要特征，揭示客观规律。 ②在财务共享中的作用：财务共享服务中心将逐步成为更强意义上企业的数据中心，开展各种数据的分析，对数据进行深度挖掘，通过高效的报告系统，实现各类业务数据的实时可视化呈现和分发，为企业管理者提供决策依据，提升企业核心竞争力

【要点5】业财融合的意义与目标

（1）业财融合的重要意义。

意义	内容
业财融合能够破除部门间的壁垒，使业财形成"合力"	随着企业规模的扩大，产生各种专门的管理职能，部门的专业化程度越来越高，相互之间的了解越来越少。业财融合就是要回归管理本源，为业务发展而管理，为价值创造这一终极目标而融合管理，为打破职能壁垒，增加组织内外协调、协作和共生性而管理
业财融合可以推进对业务的精细化管理	精细化管理要求企业对战略和目标进行分解、细化和落实，保证企业的战略规划能有效贯彻到每个环节并发挥作用。精细化管理需要必要的信息，也需要专业化的工具，业财融合能够为业务部门提供大量的财务数据和管理会计工具，助力企业精细化管理的落地
业财融合能够帮助业务人员理解会计信息的含义和会计的逻辑	业财融合能够让财会人员深入业务部门，针对会计术语进行解释说明，帮助业务人员理解会计数据的含义和会计的逻辑，明晰不同口径数据的差异，同时了解业务需要的信息内容、种类和形式，及时提供有价值的数据，助力业务活动的开展

续表

意义	内容
业财融合能够帮助企业财会人员和管理人员更好地理解企业实际情况	随着企业规模扩大，财务报告提供的信息越来越综合，难以让信息使用者透过数字了解实际情况。业财融合通过收集财务信息和非财务信息，帮助管理者结合不同来源、不同种类的信息，综合业财两端进行分析，了解财务数据背后的具体内容，进行细致的分析和精准的判断
业财融合能够帮助财会人员更好地实现会计的目标	财务会计的两大基本职能是核算和监督，财务工作的核心是资本和资金的运作，这使得财会部门成为企业信息中心和资源分配中心。部门壁垒和业财分离一定程度上影响了会计和财务目标的实现，如业财分离不利于会计政策的合理选择和会计估计的准确性；对业务的监督职能难以履行；无法有力地支持业务部门的决策；无法理解业务部门的实际情况，难以有效分配资金等。业财融合能够有效改变上述状况，助力财会部门和人员更好地实现会计目标和财务目标，进而帮助企业提升效益

续表

意 义	内 容
业财融合能够帮助企业更好地形成管理闭环	业财融合要求业财加强协调，企业会计工作的目的是为企业内部各方面和各环节的管理者与员工提供据以作出决策的信息。财务信息系统应该服从与服务于制定战略、控制风险、管理供应链、绩效管理、成本管控等，服务于企业的价值创造。业财融合不是模糊业财界限，而是必须夯实管理权责机制。任何部门都有一定范围的决策权，同时要对其业绩衡量和评价，并根据业绩进行奖惩，形成管理闭环。业财融合能够助力业务部门决策，能够更好地进行业绩评价，有利于形成更好的管理闭环

学习心得

（2）业财融合的目标。

目标	内　容
根本目标	优化企业管理，通过降低成本或提高收入、优化流程或提高决策效率和效果等途径，实现企业整体效益的提升，业财融合促进企业的价值创造。业务是企业运营的根本，业务开展同样离不开系统化、精细化、逻辑化、职能化的财务管理。两者的关系是，业务经营及其发展是驱动财务发展的基本动力；反过来，财务的发展也规范并有效支撑着业务的经营。业务、财务的"双轮驱动"共同创造组织价值
具体目标	业财融合的具体目标包含但不限于以下几点： ①提高决策效率和效果。企业经营中产品定价、生产决策、采购决策、长期投资决策等，通过业务部门和财会部门之间的紧密合作，可以快速准确地获取、分析和生成决策所需的信息，从而提高决策的速度和质量。 ②提高资源配置效率。在业财融合下，业务部门可以更加清晰地了解到企业财务资源分配的逻辑，了解部门内部财务资源的分配和使用情况，财会部门则可以更好地掌握业务的实际需求，从而实现资源的高效配置和使用。

续表

目标	内　　容
具体目标	③加强风险控制。风险识别是风险控制的起点，大部分风险源于具体业务运作。业财融合可以使业务部门和财会部门共同分析和评估业务风险，可以及早发现和控制潜在的风险，从而维护企业的利益。 ④推动创新和变革。在充满不确定性的环境下，创新和变革才是企业生存和发展之道。业财融合可以促使企业从多个角度关注市场变化和竞争态势，从全局来审视自身的内外部资源，鼓励企业不断创新和变革，寻求发展路径，以适应和引领市场发展。 ⑤提升企业文化和团队合作。业财融合不仅仅是业务和财务的结合，更是企业文化和团队合作的体现。通过业财融合，可以加强部门间的交流和合作，促进企业文化的形成和发展，提高员工的归属感和团队合作精神

【要点6】业财融合的内容

（1）战略制定层面的业财融合。

战略制定层面	内　容
战略分析环节	战略制定时，企业要根据其使命和愿景，对企业的外部环境进行分析，包括对宏观环境、产业环境、竞争对手等进行分析，以及对其内部的资源和能力进行分析。这些分析中，有大量的工作需要财会人员完成
战略的评价和选择	企业在战略制定中可能会有多种方案，离不开财会部门的测算。财会部门同时还提供战略评价的标准，如投资项目最低报酬率标准等，助力高层管理者进行决策
财务战略的制定	财务战略是企业战略的一环，关注企业资本资源的合理配置和有效使用，包含融资战略、投资战略和分配战略，既服务于企业总体战略，又服务于具体业务战略，必须要建立在对企业整体战略和业务战略的理解上才能制定好财务战略

续表

战略制定层面	内　容
企业战略的描述和调整	战略指标描述时会大量使用财务指标，理解战略的实质内容、合理地描述战略指标也需要建立在业财融合的基础之上。另外，企业会定期检视战略的完成情况，将实际情况与战略目标进行对比，有必要的话需要调整战略，这也是基于财务分析工作来完成的

（2）经营规划层面的业财融合。

经营规划层面	内　容
经营规划体现为全面预算管理	经营规划是落实战略的关键，业财融合在经营规划层面直接体现为基于业务的全面预算管理。全面预算管理发挥着重要的规划职能，全面预算将战略与具体业务连接起来，实现战略的落地；同时，全面预算规划了企业的人力、物力、财力的使用，协调了企业的资源分配

续表

经营规划层面	内　　容
预算的编制	在预算编制的环节，应以业务及经营计划为根本，按照业财融合的思想，调动业务部门的积极性，基于客户基础、业务交易结构及相关业务预测数据来编制预算，任何一个预算数字都必须体现业务经营目标及具体行动方案；同时也应该根据实际情况采用滚动预算等方式更好地反映实际情况，服务于企业管理者

（3）业务运行和控制层面的业财融合。

业务运行和控制层面	内　　容
业务运行层面业财融合	企业通过业务活动来创造价值，企业任何领域的业务活动都包括决策环节，都需要借助财务信息、非财务信息作支撑。比如，基于价值分析的产品研发设计、基于目标成本的生产管理、基于价值链分析的购销决策、基于全生命周期成本的质量管理等，需要根植于业务并借助财务的数据分析。业财融合能够使财会人员更理解业务的决策场景，更理解决策需要信息内容和种类

续表

业务运行和 控制层面	内　容
业务控制层 面业财融合	业务实施环节的管理控制是不可缺少的，实施控制需要了解财务信息和非财务信息，并分析偏差的原因，这意味着在每一个业务流程中，都需要考虑财务流程的要求，确保业务活动在执行时能够满足财务的规定和需求。预算执行情况分析及纠偏是对业务进行控制的手段，做好预算分析的根本是做好基于业务经营的财务分析。预算管理应通过一定的途径结合业务开展预算偏差分析，并基于业务提出切实可行的改进方向

（4）业绩评价层面的业财融合。

业绩评价层面	内　容
绩效指标 制定环节	绩效指标的制定、分解和下达以及评价周期的确定是战略传达的重要环节，绩效指标包括财务指标和非财务指标，预算指标也是绩效指标中的一类，这些指标的合理确定都需要基于对基本业务的充分了解，也需要筛选更加符合管理需要的指标，便于企业各级人员有针对性地开展工作，发挥业绩评价的引导作用

续表

业绩评价层面	内　　容
绩效评价 环节	**绩效评价环节**，评价工具的选择、实际业绩数据的分析和给出评价结论的过程，都要求评价人员不能仅仅关注数据和结果，同时也要关注经济环境、市场变化和业务过程，关注关键业务、关键流程和关键影响因素，将业务和财务结果联系起来分析，找到"真问题"，和业务部门一起找出"真办法"，**业财融合在业绩评价环节也是必不可少的**

学习心得

【要点7】业财融合的途径

途径	内　　容
建立高效可靠的信息系统	财务和业务的融合需要有一个高效的信息系统作为基础，以实现数据共享、信息沟通和业务流程管理的无缝连接。企业可通过企业资源规划（ERP）、商业智能（BI）、客户关系管理（CRM）等系统的集成，建立一个集成度高、数据可靠、功能全面的信息系统，实现业务与财务数据的实时共享
实施流程再造	（1）重新审视并设计公司的业务流程，确保财务和业务在流程中的交互更加紧密，从源头开始同步操作，减少重复劳动和信息孤岛。 （2）优化财务核算流程，通过建立标准化流程、优化财务操作和整合企业资源等方式，提高财务管理的效率和准确性，同时实现财务和业务的协同运作。 （3）改进管理流程，比如要求业务部门与财会部门共同参与预算制定和关键数据预测过程，确保预算的合理性，并及时反馈预算执行情况，提升预算管理的效果

续表

途径	内　容
建立跨部门沟通、协调机制	（1）建立业务和财务沟通渠道，如定期召开业务和财务会议，交换意见和信息，共同制定策略、预算和目标。 （2）建立跨部门协作机制，如设立跨部门协作小组，共同解决业务和财务方面的问题，提高业财融合的效率。 （3）建立业务和财务数据共享机制，如建立共享数据库，帮助业务和财务更好地了解对方的情况，提高业财融合的效率
加强交叉培训与教育	（1）建立综合素质培养体系，包括业务和财务培训、跨部门交流等环节，培养员工的综合素质和能力。 （2）建立员工发展规划，为员工提供发展机会和平台，帮助员工提高综合素质和能力。 （3）建立业务和财务交叉培训机制，如财务人员参加业务培训，业务人员参加财务培训。交叉培训可以帮助业务人员理解财务的核心概念，帮助财会人员理解业务的基本流程和关键指标，减少双方的信息不对称，降低沟通成本和试错成本

续表

途径	内　容
建立并完善业财融合的激励机制	（1）**完善绩效考核办法**，让业务部门和财会部门共担 KPI 与目标责任，激励员工跨部门协作，共同实现业务和财务目标。 （2）**建立奖励制度**，对跨部门协作和创新的员工进行奖励。 （3）**建立知识分享机制**，鼓励员工分享业务和财务方面的知识和经验
优化数据管理与分析	（1）**建立并完善数据管理体系**，加强业务和财务数据的收集、存储、处理、分析和利用工作，提高数据的质量和准确性。 （2）**优化财务管理流程**，如建立财务共享中心，实现财务流程的标准化和集中化，促进业财融合的实现。 （3）**建立数据安全保障机制**，完善数据备份、数据加密、数据权限管理等措施，保障业务和财务数据的安全和保密。 （4）**建立数据分析团队**，帮助企业更好地理解和分析业务和财务数据，提高业财融合的效率。 （5）**使用数据分析工具**，如数据挖掘、数据可视化等工具，帮助企业快速发现业务和财务方面的问题，提高决策效率和效益

续表

途径	内　容
通过项目制开展合作	在重大项目或战略性项目实施中，业务团队和财务团队共同参与，成立项目组，财会部门深入业务的前端了解业务，提出有价值的建议，确保项目的财务目标和商业目标都能够实现
加强文化建设	通过企业文化的培育和推广，强调团队合作、开放沟通和共同目标，从文化层面推动业财融合

⟳ **学习心得** --

【要点8】财会监督的意义与定位

（1）财会监督的概念、定位。

项目	内　　容
概念	财会监督是依法依规对国家机关、企事业单位、其他组织和个人的财政、财务、会计活动实施的监督，是维护社会主义市场经济秩序、保障财政经济法规有效执行的重要基础，也是财政部门强化管理、维护市场秩序、保护投资者合法权益的重要抓手
定位	习近平总书记指出，要完善党和国家监督体系，以党内监督为主，推动包括财会监督、审计监督在内的多项监督有机贯通、相互协调。首次将财会监督明确为党和国家监督体系的重要组成部分

（2）财会监督的意义。

意义	内　容
财会监督是推进全面从严治党、规范权利运行的有力支撑	财会监督首先是政治监督，强化了财会监督的政治责任。单位内部财会监督，能够做到资金流向哪里、账簿设在哪里，就能监督到哪里。党内监督及其他各类监督，通常都需要查阅财会资料、利用财会信息、使用财会指标、利用财会监督成果。财会监督在党和国家监督体系中发挥了基础性、支撑性作用
财会监督是提升会计信息质量、优化资源配置的关键前提	高质量会计信息能够降低企业融资成本、提高投资效率和资源配置效率。财会监督有利于企业会计准则和制度的执行，对企业的盈余管理行为发挥了积极的治理效应，提高了企业会计信息质量。财会监督往往具有溢出效应，能够引发或强化市场参与者的治理作用，进而改善资源配置效率

续表

意义	内　容
财会监督是规范财政财务管理、维护市场秩序的根本要求	财会监督通过严格规范财政与会计管理以化解公共风险、维护经济秩序和发挥治理效能。深化财政预算管理等改革，加快会计标准体系建设，提升政府和企业会计信息质量，需要通过强化财会监督职能来实现
财会监督是促进经济健康发展、防范重大风险的现实需要	在国家财政层面，财会监督强调财政预算等监督，有效对冲公共风险；在金融市场层面，财会监督防范化解金融风险，并通过规范市场主体会计行为和提升信息质量有效保护投资者合法权益；在单位层面，财会监督要求以政府会计改革和内部控制建设为契机加强政府和企事业单位等主体日常活动的会计监督，防范和降低各单位的风险
财会监督是防范财务会计造假、打击违法行为的有效手段	财会监督是维护社会主义市场经济秩序、保障财政经济法规有效执行的重要基础，是打击财务造假、保护投资者合法权益的牢固支撑。财会监督的威慑作用能够降低企业财务造假动机，增加财务造假的风险和成本，促进企业严格遵循会计准则及相关法律法规的要求，减少企业财务造假的机会

续表

意　义	内　　容
财会监督是推进国家治理体系、治理能力现代化的必然要求	财会监督可以为其他监督提供基础支撑，财会监督聚焦国家监督体系基础环节，在注重宏观财政运行监督的同时，更注重、强化对微观经济运行的监督，对微观经济运行的监督更直接、高效。财会监督具有监督目标公共性、监督主体多元性、监督范围全面性、监督理念先进性和监督机制科学性的时代特征，在推动国家治理体系和治理能力现代化过程中发挥着重要作用

（3）财会监督与会计信息质量。

作　用	内　　容
财会监督为提升会计信息质量提供了基础保障	财会监督是对财政、财务活动和会计工作最直接的监督，监督内容涉及具体会计行为、财税法规政策执行、预算管理特定事项落实等多个方面。财政部门持续聚焦社会民生痛点和发展堵点、注册会计师行业风险重点，围绕提高会计信息质量和中介机构执业质量，持续加大会计信息质量和会计师事务所执业质量检查力度，通报典型，以案释法，进一步严肃了财经纪律

续表

作用	内　容
财会监督为提升会计信息质量提供了制度保障	我国财会监督法规层级已经实现了从规范性文件到部门规章，从行政法规到国家法律的全覆盖，法律法规体系日趋完善。从注册会计师条例颁布实施到注册会计师法审议通过并适时修订，从企业统一会计制度实施到企业会计准则系统化颁布并修订完善，从颁布审计规则到多项独立审计准则及应用指南的先后发布并修订，相关法律法规为保障会计信息质量提供了统一的监督标准。尤其是会计法、预算法、注册会计师法、证券法等在法律层面为会计信息质量提供了坚实的法律保障
财会监督为提升会计信息质量提供了监督保障	财会监督以会计信息真实性和透明度为切入点，有效履行会计监督职能，推动市场主体遵守会计法律法规、财务会计制度、内部控制规范。通过构建贯穿政策制定、预算编制、预算执行等财政核心业务和权力运行全过程的三级内控制度体系，为加强政府内部权力的制约作出了新探索

【要点9】财会监督的原则与工作要求

原则与工作要求	内　　容
原则	以习近平新时代中国特色社会主义思想为指导，深入贯彻党的二十大精神，完整、准确、全面贯彻新发展理念，加快构建新发展格局，着力推动高质量发展，更好统筹发展和安全，坚持以完善党和国家监督体系为出发点，以党内监督为主导，突出政治属性，严肃财经纪律，健全财会监督体系，完善工作机制，提升财会监督效能，促进财会监督与其他各类监督贯通协调，推动健全党统一领导、全面覆盖、权威高效的监督体系
工作要求	（1）坚持党的领导，发挥政治优势。 （2）坚持依法监督，强化法治思维。 （3）坚持问题导向，分类精准施策。 （4）坚持协同联动，加强贯通协调。 （5）坚持融合发展，推动科技赋能

【要点 10】财会监督的体系与内容

体系	内　　容
财政部门主责监督	**各级财政部门作为本级财会监督的主责部门，牵头组织对财政、财务、会计管理法律法规及规章制度执行情况的监督。**各级财政部门要加强预算管理，推动构建完善综合统筹、规范透明、约束有力、讲求绩效、持续安全的现代预算制度，推进全面实施预算绩效管理。通过加强对行政事业性国有资产管理规章制度、政府采购制度实施情况的监督，保障国有资产安全完整，规范政府采购行为。加强对财务管理、内部控制的监督，督促指导相关单位规范财务管理，提升内部管理水平。通过加强对会计行为的监督，提高会计信息质量，同时强化对注册会计师、资产评估和代理记账行业的执业质量监督，规范行业秩序，促进行业健康发展，为各单位的会计信息质量保驾护航
有关部门依责监督	**各有关部门要依法依规强化对主管、监管行业系统和单位财会监督工作的督促指导。**在监督要求方面，有关部门应加强对所属单位预算执行的监督，强化预算约束，按照职责分工加强对政府采购活动、资产评估行业的监督，提高政府采购资金使用效益，推动资产评估行业高质量发展。加强对归口财务管理单位财务活动的指导和监督，严格财务管理，按照会计法赋予的职权对单位的会计资料实施监督，规范会计行为

续表

体系	内　　容
单位内部监督	单位内部监督是单位内部承担财会监督职责的机构或人员，以本单位经济业务、财务管理、会计行为为监督对象的日常监督机制。单位需要建立符合自身实际情况、权责清晰、约束有力的内部财会监督机制和内部控制体系。单位内部财会监督是以单位主要负责人作为本单位财会监督工作的第一责任人，对本单位财会工作和财会资料的真实性、完整性负责，其他财会人员要加强自我约束，遵守职业道德，拒绝办理或按照职权纠正违反法律规定的财会事项，并有权检举单位或个人的违法违规行为
中介机构执业监督	中介机构执业监督是以会计师事务所、资产评估机构、税务师事务所、代理记账机构等中介机构为监督主体的监督机制，其监督职责是严格依法履行审计鉴证、资产评估、税收服务、会计服务等职责，确保独立、客观、公正、规范执业。通过严控执业质量、完善内部控制、加强风险分类防控，提升内部管理水平，规范承揽和开展业务，建立健全事前评估、事中跟踪、事后评价的管理体系，强化质量管理责任。中介机构要持续提升一体化管理水平，实现人员调配、财务安排、业务承接、技术标准、信息化建设的实质性一体化管理

续表

体系	内　容
行业协会 自律监督	行业协会自律监督是以注册会计师协会、资产评估协会、注册税务师协会、银行业协会以及证券业协会为监督主体，以会计师事务所、资产评估机构、税务师事务所以及代理记账机构等中介机构为监督对象，通过行业自律监管、运用信用记录、警示告诫、公开曝光等措施加大惩戒力度，完善对投诉举报、媒体质疑等的处理机制，推动提升财会业务规范水平。行业自律协会要充分发挥监督引导作用，促进持续提升财会信息质量和内部控制有效性，加强行业诚信建设，健全行业诚信档案，把诚信建设要求贯穿于行业管理和服务工作的各个环节

【要点11】财会监督的机制与方式

（1）财会监督的机制。

机制	内　　容
财会监督主体横向协同	构建财政部门、有关部门、各单位、中介机构、行业协会等监督主体横向协同工作机制。**各级财政部门牵头负责本级政府财会监督协调工作机制日常工作，加强沟通协调，抓好统筹谋划和督促指导**；税务、人民银行、国有资产监管、银行保险监管、证券监管等部门积极配合、密切协同。建立健全部门间财会监督政策衔接、重大问题处理、综合执法检查、监督结果运用、监督线索移送、监督信息交流等工作机制，形成监督合力，提升监督效能。建立部门与行业协会联合监管机制，推动行政监管与自律监管有机结合。相关中介机构要严格按照法律法规、准则制度进行执业，并在配合财会监督执法中提供专业意见

续表

机制	内　　容
中央与地方纵向联动	国务院财政部门加强财会监督工作的制度建设和统筹协调，牵头组织制定财会监督工作规划，明确年度监督工作重点，指导推动各地区、各部门、各单位组织实施。县级以上地方政府和有关部门依法依规组织开展本行政区域内财会监督工作。国务院有关部门派出机构依照法律法规规定和上级部门授权实施监督工作。地方各级政府和有关部门要畅通财会监督信息渠道，建立财会监督重大事项报告机制，及时向上一级政府和有关部门反映财会监督中发现的重大问题
财会监督与其他各类监督贯通协调	开展财会监督要自觉以党内监督为主导，探索深化贯通协调有效路径，加强与巡视巡察机构协作，建立重点监督协同、重大事项会商、线索移交移送机制，通报财会监督检查情况，研究办理巡视巡察移交的建议；加强与纪检监察机关的贯通协调，完善财会监督与纪检监察监督在贯彻落实中央"八项规定"精神、纠治"四风"、整治群众身边腐败和不正之风等方面要求贯通协调机制，加强监督成果共享，发现党员、监察对象涉嫌违纪或职务违法、职务犯罪的问题线索，依法依规及时移送纪检监察机关；发挥财会监督专业力量作用，选派财会业务骨干参加巡视巡察、纪委监委监督检查和审查调查

（2）重点领域财会监督方式。

方式	内　容
保障党中央、国务院重大决策部署贯彻落实	牢牢把握财会监督的政治属性，把推动党中央、国务院重大决策部署贯彻落实作为财会监督工作的首要任务。综合运用检查核查、评估评价、监测监控、调查研究等方式开展财会监督，严肃查处财经领域违反中央宏观决策和治理调控要求、影响经济社会健康稳定发展的违纪违规行为，确保党中央政令畅通
强化财经纪律刚性约束	更加突出强化财经纪律刚性约束，加强对财经领域公权力行使的制约和监督，严肃财经纪律。聚焦贯彻落实减税降费、党政机关"过紧日子"、加强基层保基本民生保工资保运转工作、规范国库管理、加强资产管理、防范债务风险等重点任务，严肃查处财政收入不真实不合规、违规兴建楼堂馆所、乱设财政专户、违规处置资产、违规新增地方政府隐性债务等突出问题，强化通报问责和处理处罚

续表

方式	内 容
严厉打击财务会计违法违规行为	坚持"强穿透、堵漏洞、用重典、正风气",**从严从重查处影响恶劣的财务舞弊、会计造假案件,强化对相关责任人的追责问责**。加强对国有企业、上市公司、金融企业等的财务、会计行为的监督,严肃查处财务数据造假、出具"阴阳报告"、内部监督失效等突出问题。加强对会计师事务所、资产评估机构、代理记账机构等中介机构执业质量监督,聚焦行业突出问题,加大对无证经营、挂名执业、违规提供报告、超出胜任能力执业等违法违规行为的整治力度,强化行业日常监管和信用管理

学习心得

附录 《高级会计实务》常用公式大全

第一章 企业战略与财务战略

产品绝对市场占有率 = 该产品的本企业销售量/该产品的市场销售总量

产品相对市场占有率 = 本企业市场占有率/特定竞争对手市场占有率

第二章 企业全面预算管理

1. 预算目标的确定方法

（1）利润增长率法。

$$利润总额增长率(g) = \sqrt[报告期]{\frac{上期利润总额}{基期利润总额}} - 1$$

目标利润 = 上期利润总额 × (1 + g)

目标利润 = 上期利润总额 × (1 + g)

（2）比例预算法。

①营业收入利润率。

目标利润 = 预计营业收入 × 测算的营业收入利润率

②成本利润率。

目标利润 = 预计营业成本费用 × 核定的成本费用利润率

③投资报酬率。

目标利润 = 预计投资资本平均总额 × 核定的投资资本回报率

（3）上加法。

企业留存收益 = 盈余公积 + 未分配利润

净利润 = 本年新增留存收益 ÷ (1 − 股利分配比率)

　　　　= 本年新增留存收益 + 股利分配额

目标利润 = 净利润 ÷ (1 − 所得税税率)

（4）本量利分析法。

目标利润 = 边际贡献 − 固定成本

= 预计营业收入 – 变动成本 – 固定成本

= 预计产品销售量 ×（单位产品售价 – 单位产品变动成本）– 固定成本

2. 弹性预算法

公式法下弹性预算的基本公式为：

预算总额 = 固定基数 + $\sum$（与业务量相关的弹性定额 × 预计业务量）

第四章　企业投资、融资决策与集团资金管理

1. 投资决策方法

（1）非折现的回收期法。

①在原始投资一次支出，每年现金净流入量相等时：

投资回收期 = 原始投资额 ÷ 每年现金净流量

②如果现金净流入量每年不等，或原始投资是分几年投入，设 M 是收回原始投资的前一年：投资回收期 = M + 第 M 年尚未收回的投资额 ÷ 第 M + 1 年的现金净流量。

（2）净现值法（NPV）。

净现值 = 项目投产后未来现金净流量现值 – 原始投资额现值

$$NPV = \frac{CF_1}{(1+r)^1} + \frac{CF_2}{(1+r)^2} + \cdots + \frac{CF_n}{(1+r)^n} - CF_0 = \sum_{t=1}^{n} \frac{CF_t}{(1+r)^t} - CF_0$$

式中：NPV 为净现值；CF 为各期的现金流量；r 为项目的资本成本。

（3）内含报酬率法（IRR）。

内含报酬率指使项目未来现金净流量现值恰好与原始投资额现值相等的折现率。

其计算公式为：

$$\frac{CF_1}{(1+IRR)^1} + \frac{CF_2}{(1+IRR)^2} + \cdots + \frac{CF_n}{(1+IRR)^n} = CF_0$$

或表示为：

$$NPV = \sum_{t=1}^{n} \frac{CF_t}{(1+IRR)^t} - CF_0 = 0$$

利用插值法可以计算出 IRR 的近似值。

举例：

IRR = 15%	NPV = 7.24 万元
IRR = x	NPV = 0
IRR = 14%	NPV = 7.09 万元

$$\frac{15\% - x}{15\% - 14\%} = \frac{-7.24 - 0}{-7.24 - 7.09}, \quad 得出 \ x = 14.5\%$$

注：考试会给定几组 IRR 和 NPV，只要选择 NPV 一正一负与 0 临近的两组数据，利用上面的原理计算即可。

（4）修正的内含报酬率法（MIRR）。

方法一：

$$MIRR = \sqrt[n]{\frac{回报阶段的终值}{投资阶段的现值}} - 1$$

说明：投资成本的终值（以"1 + 修正的内含报酬率"折算）= 报酬的终值（以"1 + 资本成本率"折算）。

方法二：

$$\text{MIRR} = \sqrt[n]{\frac{\text{回报阶段的终值}}{\text{投资阶段的现值}}} \times (1 + \text{折现率}) - 1$$

说明：投资成本的终值（以"1 + 修正的内含报酬率"折算）= 报酬的终值（以"1 + 资本成本率"折算）。

注：方法一与方法二原理相同，修正的内含报酬率与内含报酬率不同之处在于投资成本在计算终值时，一个是按资本成本率折算，一个是按内含报酬率折算，而报酬均按资本成本率折算终值与现值。

（5）现值指数法（PI）。

现值指数是项目投产后未来现金净流量现值与原始投资额现值之比。现值指数表示1元初始投资取得的现值毛收益。

$$\text{PI} = \frac{\sum_{t=1}^{n} \dfrac{CF_t}{(1 + r)^t}}{CF_0}$$

式中：r 为资本成本。

（6）会计收益率法（AAR）。

会计收益率是项目寿命期的预计年均收益额与项目原始投资额的百分比。

$$AAR = \frac{年均收益额}{原始投资额} \times 100\%$$

2. 投资决策方法的特殊应用——等额年金法

$$等额年金 = \frac{项目净现值}{年金现值系数}$$

3. 营业现金流量

（1）根据现金流量的定义直接计算。

营业现金流量 = 营业收入 - 付现成本 - 所得税

（2）根据税后净利调整计算。

$$\begin{aligned}
营业现金流量 &= 营业收入 - 付现成本 - 所得税 \\
&= 营业收入 - （营业成本 - 折旧）- 所得税 \\
&= 营业收入 - 营业成本 - 所得税 + 折旧 \\
&= 税后净利 + 折旧
\end{aligned}$$

（3）根据所得税对收入和折旧的影响计算。

营业现金流量 = 收入 × （1 - 税率）- 付现成本 × （1 - 税率）+ 折旧 × 税率

= （收入 - 付现成本）× （1 - 税率）+ 折旧 × 税率

注：公式中的税率指的是企业所得税税率。

4. 项目风险与净现值法

（1）确定当量法（CE_s）。

确定当量法就是一种对项目相关现金流进行调整的方法。项目现金流的风险越大，约当系数越小，现金流量的确定当量也就越小。可以用公式表示如下：

$$NPV = \sum_{t=0}^{n} \frac{a_t \times CF_t}{(1 + r_F)^t} - I_0$$

式中：a_t 为 t 年现金流量的确定当量系数，它在 0 ~ 1 之间；r_F 为无风险利率。

（2）风险调整折现率法（RADRs）。

风险调整折现率时净现值的基本表达式为：

$$NPV = \sum_{t=1}^{n} \frac{CF_t}{(1 + RADRs)^t} - I_0$$

式中：RADRs 指风险调整后的折现率。

5. 加权平均资本成本

$$K_W = \sum_{j=1}^{n} K_j W_j$$

式中：K_W 为加权平均资本成本；K_j 为第 j 种个别资本成本；W_j 为第 j 种个别资金占全部资金的比重（权数）。

6. 单一企业外部融资需要量

外部融资需要量 = 满足企业增长所需的净增投资额 − 内部融资量

$$
\begin{aligned}
&= (\text{资产新增需要量} - \text{负债新增融资量}) - \text{预计销售收入} \\
&\quad \times \text{销售净利率} \times (1 - \text{现金股利支付率}) \\
&= (\text{销售增长额} \times \text{资产占销售百分比}) \\
&\quad - (\text{负债占销售百分比} \times \text{销售增长额}) \\
&\quad - [\text{预计销售总额} \times \text{销售净利率} \times (1 - \text{现金股利支付率})] \\
&= (A \times S_0 \times g) - (B \times S_0 \times g) - [P \times S_0 \times (1 + g) \times (1 - d)]
\end{aligned}
$$

式中：A、B 分别为资产、负债项目占基期销售收入的百分比；S_0 为基期销售收入额；g 为预测期的销售增长率；P 为销售净利率；d 为现金股利支付率。

7. 融资规划与企业增长率预测

（1）内部增长率。

外部融资需求 $= (A \times S_0 \times g) - [P \times S_0 \times (1 + g) \times (1 - d)] = 0$

$$g(内部增长率) = \frac{P(1 - d)}{A - P(1 - d)}$$

$$g(内部增长率) = \frac{ROA(1 - d)}{1 - ROA(1 - d)}$$

其中：ROA 为公司总资产报酬率（即税后净利/总资产）。

（2）可持续增长率。

$S_0 \times (1 + g) \times P \times (1 - d) + S_0 \times (1 + g) \times P \times (1 - d) \times D/E = A \times S_0 \times g$

$$g(可持续增长率) = \frac{P(1 - d)(1 + D/E)}{A - P(1 - d)(1 + D/E)}$$

式中：D/E 为目标债务/权益比率。

$$g(可持续增长率) = \frac{ROE(1 - d)}{1 - ROE(1 - d)}$$

式中：ROE 为净资产收益率（税后净利/所有者权益总额），其他字母含义不变。

8. 企业融资方式决策

（1）配股。

$$配股除权价格 = \frac{配股前股票市值 + 配股价格 \times 配股数量}{配股前股数 + 配股数量}$$

$$= \frac{配股前每股价格 + 配股价格 \times 股份变动比例}{1 + 股份变动比例}$$

$$配股权价值 = \frac{配股后股票价格 - 配股价格}{购买 1 股新股所需的配股权数}$$

（2）增发。

定向增发的定价：发行价格 ≥ 定价基准日前 20 个交易日公司股票均价 × 80%。

其中：定价基准日为本次非公开发行股票发行期的首日。

（3）可转换债券。

$$转换比率 = \frac{债券面值}{转换价格}$$

$$转换价值 = 转换比率 \times 股票市价$$

赎回溢价 = 赎回价格 – 债券面值

9. 企业资本结构决策与管理

（1）EBIT – EPS（或 ROE）无差别点分析法。

公司每股收益 = （EBIT – 利息）× （1 – 所得税率）÷发行在外普通股股数

$$\frac{(EBIT - I_1)(1 - T)}{N_1} = \frac{(EBIT - I_2)(1 - T)}{N_2}$$

（2）资本成本比较分析法。

$$权益价值（E）= \frac{(EBIT - I) \times (1 - T)}{K_e}$$

式中：K_e 为权益资本成本。

公司价值（VL）= B（债务价值）+ E（权益价值）

10. 企业集团外部融资需要量

企业集团外部融资需要量 = $\sum$ 集团下属各子公司的新增投资需求 – $\sum$ 集团下属各子公司的新增内部留存额 – $\sum$ 集团下属各企业的年度折旧额

第五章 企业成本管理

1. 变动成本法在短期经营决策中的应用

在变动成本法下：

产品成本 = 直接材料成本 + 直接人工成本 + 变动制造费用

在完全成本法下：

产品成本 = 直接材料成本 + 直接人工成本 + 全部制造费用

2. 本量利分析模型

传统本量利分析模型：

利润 = （单价 - 单位变动成本）× 销售量 - 固定成本

保本量 = 固定成本/（单价 - 单位变动成本）

保利产量 = （目标利润 + 固定成本）÷（单价 - 单位变动成本）

作业成本法下的本量利分析模型：

保本量 = 固定成本/（单价 - 单位短期变动成本 + 单位长期变动成本）

保利量 = （目标利润 + 固定成本）÷（单价 - 单位短期变动成本 + 单位长期变动成本）

3. 目标成本法

产品目标成本 = 产品竞争性市场价格 - 产品的必要利润

产品目标成本 = 产品竞争性市场价格 × (1 - 目标销售利润率)

产品目标成本 = 产品竞争性市场价格 × 目标销售成本率

产品目标成本 = 产品竞争性市场价格 / (目标成本利润率 + 1)

4. 价值工程分析法

V (价值) = F(功能) / C (成本)

5. 隐性质量成本计量

乘数法:

全部外部损失成本 = K × 已计量外部损失成本

隐性质量成本 = 全部外部损失成本 - 已计量外部损失成本

式中: K 为乘数因子, 根据经验估计确定。

塔古奇损失函数法:

$L(Y) = K(Y - T)^2, K = C/D^2$

式中: L 为隐性质量成本; Y 为质量特性的实际值; K 为企业外部损失成本结

构的比例函数；T 为质量特性的目标值；C 为上限值或下限值对应的预期隐性质量成本；D 为上限或下限相对于目标值的偏离值。

第六章　企业绩效管理

1. 关键绩效指标的类型——结果类指标

（1）投资资本回报率。

$$投资资本回报率 = \frac{税前利润 \times (1 - 所得税税率) + 利息支出}{投资资本平均余额} \times 100\%$$

$$投资资本平均余额 = \frac{期初投资资本 + 期末投资资本}{2}$$

投资资本 = 有息债务 + 所有者（股东）权益

（2）净资产收益率。

净资产收益率 = 净利润/平均净资产 × 100%

（3）经济增加值回报率。

经济增加值回报率 = 经济增加值 ÷ 平均资本占用 × 100%

（4）息税前利润。

息税前利润 = 税前利润 + 利息支出

（5）自由现金流量。

自由现金流量 = 经营活动净现金流量 − 付现资本性支出

2. 经济增加值

经济增加值 = 税后净营业利润 − 平均资本占用 × 加权平均资本成本

税后净营业利润 = 息税前利润 × (1 − 企业所得税税率)

加权平均资本成本的计算公式如下：

$$K_{WACC} = \frac{DC}{TC} \times K_D \times (1 - T) + \frac{EC}{TC} \times K_S$$

其中：TC 代表资本占用，EC 代表股权资本，DC 代表（有息）债务资本；T 代表所得税税率；K_{WACC} 代表加权平均资本成本率，K_D 代表税前（有息）债务资本成本率，K_S 代表股权资本成本率。

资本资产定价模型（CAPM）确定，计算公式为：

$$K_S = R_f + \beta \times (R_m - R_f)$$

　　其中：R_f 为无风险收益率；R_m 为市场预期回报率；$R_m - R_f$ 为市场风险溢价。β 是企业股票相对于整个市场的风险指数。

　　《中央企业负责人年度经营业绩考核实施方案》及《中央企业负责人经济增加值考核实施方案》中规定的关于经济增加值的考核规则：

　　经济增加值 = 税后净营业利润 - 资本成本 = 税后净营业利润 - 调整后资本 × 平均资本成本率

　　税后净营业利润 = 净利润 + （利息支出 + 研发开发费用调整项）×（1 - 25%）

　　调整后资本 = 平均所有者权益 + 平均带息负债 - 平均在建工程

　　平均资本成本率 = 债权资本成本率 × 平均带息负债/（平均带息负债 + 平均所有者权益）×（1 - 25%）+ 股权资本成本率 × 平均所有者权益/（平均带息负债 + 平均所有者权益）

　　债务资本成本率 = 利息支出总额/平均带息负债

第七章　企业并购

1. 并购决策分析：并购溢价、并购收益、并购净收益

并购收益＝并购后合并企业整体价值－（并购前并购企业价值
　　　　　＋并购前被并购企业价值）

$R_0 = V_T - (V_A + V_B)$

并购净收益＝并购收益－并购溢价－并购费用

$R_1 = R_0 - S - F$

并购溢价＝并购价格－并购前被并购企业价值

$S = C - V_B$

2. 并购决策分析：托宾 Q

托宾 Q＝目标企业或资产的市场价值/目标企业或资产的重置成本

3. 并购价值评估方法——收益法

（1）预测未来的现金流量。

自由现金流量＝（税后净营业利润＋折旧及摊销）－（资本支出＋营运资金增加额）

税后净营业利润＝息税前利润×（1－所得税税率）

息税前利润＝主营业务收入－主营业务成本－营业税金及附加
　　　　　　－管理费用－销售费用

（2）选择合适的折现率（加权平均资本成本公式）。

$r_{WACC} = E/(E + D) \times r_e + D/(E + D) \times r_d$

式中：r_{WACC} 为企业的加权平均资本成本；D 为企业负债的市场价值；E 为企业权益的市场价值；r_e 为股权资本成本；r_d 为税后（有息）债务资本成本。

$r_d = r \times (1 - T)$

式中：r 为税前借款利率或者债券票面利率；T 为企业所得税税率。

式中的股权资本成本 r_e 可采用如下两种方式计算：

①资本资产定价模型（CAPM）。

$r_e = r_f + (r_m - r_f) \times \beta$

式中：r_e 为股权资本成本；r_f 为无风险报酬率；r_m 为股权市场投资组合的预期报酬率；$(r_m - r_f)$ 为股权市场风险溢价；β 为股权市场风险系数。

β 系数的调整公式（哈马达公式）：

$$\beta_1 = \beta_0 \times \left[1 + \frac{D}{E}(1 - T) \right]$$

式中：β_1 为负债经营的 β 系数；β_0 为无负债经营的 β 系数；T 为企业所得税

税率；D 为企业（有息）负债的市场价值；E 为企业权益的市场价值。

记忆小窍门：$\beta_1 \geq \beta_0$，因为负债经营的风险一定大于或等于无负债经营的风险。

②股利折现模型。

$$P_0 = \sum_{t=1}^{\infty} D_t / (1 + r_e)^t$$

当假定每年股利不变时，计算公式如下：$r_e = D_0 / P_0$

式中：D_0 为当年股利额；P_0 为普通股市价。

当假定股利以不变的增长速度增长时，计算公式如下：$r_e = D_1 / P_0 + g$

式中：D_1 为预计的年股利额；P_0 为普通股市价；g 为普通股股利年增长率。

（3）预测企业价值。

$$V = V_0 + V_L = \sum_{t=1}^{n} FCF_t / (1 + r_{WACC})^t + TV / (1 + r_{WACC})^n$$

式中：V 为企业价值；V_0 为预测期的现金流量现值；V_L 为预测期之后的现金流量现值，即企业永续价值；FCF_t 为确定预测期内第 t 年的自由现金流量；r_{WACC}

为加权平均资本成本；TV 为预测期末的终值（即永续期价值）；n 为确定的预测期。

$$TV = FCF_{n+1}/(r_{WACC} - g) = FCF_n \times (1 + g)/(r_{WACC} - g)$$

式中：TV 为预测期末的终值；FCF_{n+1} 为计算终值那一年的自由现金流量；FCF_n 为预测期最后一年的自由现金流量；r_{WACC} 为加权平均资本成本；g 为预测期之后自由现金流量的年复合永续增长率。

4. 并购价值评估方法——市场法

（1）可比企业分析法。

①基于市场价格的乘数：

市盈率（P/E）；

股权市场价格对收入之比（P/R）；

股权市场价格对净现金流量之比（P/CF）；

股权市场价格对有形资产账面价值之比（P/BV）。

②基于企业价值的乘数：

企业总价值对息税前利润之比（EV /EBIT）；

企业总价值对息税折旧和摊销前利润之比（EV/EBITDA）；

企业总价值对企业自由现金流之比（EV/FCF）。

（2）可比交易分析法。

$$支付价格/收益比 = \frac{并购者支付价格}{税后利润}$$

$$账面价值倍数 = \frac{并购者支付价格}{净资产价值}$$

$$市场价值倍数 = \frac{并购者支付价格}{股票的市场价值}$$

5. 并购支付方式——股权支付方式

确定换股比例的方法主要有三种：

（1）每股净资产之比。

换股比例 = 被并购企业当前的每股净资产 ÷ 并购企业当前的每股净资产

（2）每股收益之比。

换股比例 = 被并购企业当前的每股收益 ÷ 并购企业当前的每股收益

（3）每股市价之比。

换股比例 = 被并购企业当前的每股市价 ÷ 并购企业当前的每股市价

在溢价并购情形下，根据上述三种方法计算换股比例时，需要对被并购企业的对应指标赋予一个加成系数。即计算公式中的分子乘以（1 + 加成系数），据以确定换股比例。

6. 资产收购重组中企业所得税适用一般性税务处理

受让企业非股权支付确认的所得或损失 = 非股权支付的公允价值 – 其计税基础

出让企业资产转让确认的所得或损失 = 被出让资产的公允价值 – 其计税基础

7. 资产收购重组适用企业所得税适用特殊性税务处理

受让企业非股权支付确认的所得或损失 = 非股权支付的公允价值 – 其计税基础

受让企业收购取得的转让企业资产计税基础 = 对应股权支付的转让企业的原资产计税基础 +（对应非股权支付的转让企业原资产的计税基础 + 转让企业确认的非股权支付对应的所得）= 转让企业的原资产计税基础 + 转让企业确认的非股权支付对应的所得

出让企业非股权支付对应的资产转让所得或损失 = (被转让资产的公允价值 – 被转让资产的计税基础) × (非股权支付金额/被转让资产的公允价值)

出让企业取得受让企业股权的计税基础 = 出让企业资产的原计税基础 + 非股权支付额对应的资产转让所得 – 非股权支付的公允价值

8. 股权收购重组中企业所得税适用一般性税务处理

收购企业非股权支付确认的所得或损失 = 非股权支付的公允价值 – 其计税基础

被收购企业股东股权转让确认的所得或损失 = 被转让股权的公允价值 – 其计税基础

9. 股权收购重组中企业所得税适用特殊性税务处理

收购企业非股权支付确认的所得或损失 = 非股权支付的公允价值 – 其计税基础

收购取得的被收购企业股权计税基础 = 对应股权支付的被收购企业的原股权计税基础 + (对应非股权支付的被收购企业股权的计税基础 + 被收购企业确认的非股权支付对应的所得) = 被收购企业的原股权计税基础 + 被收购企业确认的非股权

支付对应的所得

被收购企业股东非股权支付对应的资产转让所得或损失 =（被转让资产的公允价值 − 被转让资产的计税基础）×（非股权支付金额/被转让资产的公允价值）

被收购企业股东取得收购企业股权的计税基础 = 被收购企业股权的原计税基础 + 非股权支付额对应的股权转让所得 − 非股权支付的公允价值

10. 合并重组中企业所得税适用一般性税务处理

被合并企业资产转让所得或损失 = 被转让资产的公允价值 − 其计税基础

11. 合并重组中企业所得税适用特殊性税务处理

被合并企业确认的非股权支付对应的所得 =（被转让资产的公允价值 − 被转让资产的计税基础）×（非股权支付金额/被转让资产的公允价值）

取得的被合并企业资产计税基础 = 对应股权支付的被合并企业的原资产计税基础 +（对应非股权支付的被合并企业原资产的计税基础 + 合并企业确认的非股权支付对应的所得）= 被合并企业的原资产计税基础 + 被合并企业股东确认的非股权支付对应的所得

被合并企业股东取得合并企业股权的计税基础 = 合并企业股东持有的被合

并企业股权的原计税基础 + 非股权支付额对应的资产转让所得 − 非股权支付的公允价值

12. 企业并购中的个人所得税、土地增值税、印花税处理

（个人所得税）应纳税所得额 = 个人取得的股权转让收入、违约金、补偿金、赔偿金及以其他名目收回款项合计数 − 原实际出资额（投入额）及相关税费

（个人所得税）应纳税额 = 应纳税所得额 × 20%

（土地增值税）应纳税额 = $\sum$（每级距的土地增值额 × 适用税率）

（印花税）应纳税额 = 计税依据 × 适用税率

13. 非同一控制下企业合并（购买法）商誉计量

商誉 = 合并成本（支付对价的公允价值）− 取得的可辨认净资产的公允价值份额

第九章　金融工具会计

1. 以公允价值计量且其变动计入其他综合收益的金融资产（其他债权投资）整体转移形成的损益 = 因转移收到的对价 − 所转移金融资产账面价值 ± 原直接计

入所有者权益的公允价值变动累计利得（或损失）

2. 直接指定为以公允价值计量且其变动计入其他综合收益的金融资产（其他权益工具投资）整体转移形成的留存收益 = 因转移收到的对价 - 所转移金融资产账面价值 ± 原直接计入所有者权益的公允价值变动累计利得（或损失）

3. 以公允价值计量且其变动计入当期损益的金融资产处置时影响投资收益金额 = 转移金融资产收到的对价 - 金融资产账面价值

4. 摊余成本计算公式

金融资产或金融负债的摊余成本，应当以该金融资产或金融负债的初始确认金额经下列调整后的结果确定：

（1）扣除已偿还的本金。

（2）加上或减去采用实际利率法将该初始确认金额与到期日金额之间的差额进行摊销形成的累计摊销额。

（3）扣除累计计提的损失准备（仅适用于金融资产）。

5. 股票期权费用计算公式

权益结算：当年确认费用 =（授予总人数 - 累计已离职人数 - 预计离职人数）×

每人授予期权份数×授予日公允价值×累计服务年限/预计服务年限－已确认费用

现金结算：当年确认费用＝（授予总人数－累计已离职人数－预计离职人数）×每人授予现金股票增值权份数×资产负债表日公允价值×累计服务年限/预计服务年限－已确认费用